외국인을 위한 한국어 문형 2

权威韩国语语法及句型教程

Korean 2
Usage
for foreigners

박영희 · 오성아 · 유지연 · 이희원 지음

외국인을 위한
한국어
문형

중급
•기본문형•
90

도서
출판 박이정

"선생님, 한국어가 너무 어려워요."

"한국어에는 왜 이렇게 비슷한 문법이 서로 다르게 사용되는 것이 많아요?"

한국어를 가르치는 교사라면 누구나 한번쯤은 들었을 만한 질문일 것이다. 한국어는 비슷한 의미의 문법이라도 상황에 따라 다른 의미가 되는 경우가 있다. 이 점이 외국인에게 어렵게 느껴지는 부분이라고 할 수 있다. 다시 말해 한국인이라면 각자의 다른 상황에서 느낄 수 있는 당연한 차이를 외국인들은 이해를 잘 못하는 경우가 허다하다. 심지어 한국사람 조차도 그 미묘한 차이를 설명하기 어렵다.

처음에 작은 스터디 모임에서 시작된 우리의 연구가 '외국인을 위한 한국어 문형1'을 시작으로 이제 중급 단계의 문형을 다루는 '외국인을 위한 한국어 문형2'를 마무리하고 그 결과물을 내게 되었다. 중급 단계에서 다루는 한국어 문법 유형은 초급에 비해 난이도나 어휘가 높아졌을 뿐만 아니라 외국인이 많이 어려워하고 느끼지 못했던 문형간의 미묘한 차이를 나름 쉽게 분석하여 설명하고자 하였다. 따라서 우리가 만든 이 작은 결과물이 한국어를 공부하는 외국인들에게 작은 도움이나마 되기를 바라고 또한 현장에서 한국어를 가르치는 교사들에게도 우리의 연구가 외국인을 가르치는 데에 도움이 된다면 그것으로 이 책을 엮는 보람이 될 것 같다.

끝으로 이 책을 위해 여러모로 관심을 가져 준 충북대학교 국제 교류원 가족들에게 감사의 마음을 전하며 이 책을 낼 수 있도록 많은 도움과 격려를 주신 박이정 출판사의 박찬익 사장님께도 깊은 감사의 말을 전한다.

2011년 2월
저자 일동

01 이 책은 한국어 교육 현장에서 자주 나오는 한국어 문법 형태를 수록하고 있다. 한국어 교수 및 학습 시에 다루어야 할 문형·표현 중 중급을 대상으로 하였다.

02 이 책에 제시된 문형·표현은 고려대, 경희대, 서강대, 서울대, 연세대, 이화여대의 중급 교재를 중심으로 빈도수가 높은 문형·표현을 중심으로 선정하였다.

03 각 문형·표현의 구성은 의미, 형태, 용법과 연습으로 구성되어 있다.

04 의미는 제시된 문형·표현의 의미 중 대표적인 의미를 제시하였다.

05 형태는 결합 가능한 동사·형용사·명사를 중심으로 시제, 받침 등의 제약 관계를 예를 들어 구분하여 분명하게 알 수 있게 하였다.

06 용법은 화용론적인 측면에서의 의미와 사전적인 의미를 모두 제시하고 그에 해당하는 예문을 가능한 한 쉬운 말로 제시하여 그 용법을 이해하는데 도움이 되도록 하였다.

07 연습은 용법에서 제시된 의미를 중심으로 만든 다양한 문제를 통해서 학습된 문형·표현 을 직접 연습을 하며 확인할 수 있도록 하였다.

08 '저기요~!'와 '조금 더 알아볼까요?'에서는 학습자들이 혼동하기 쉬운 문형을 비교하여 문형의 차이를 알 수 있게 하였고, 좀 더 확장시켜 학습할 수 있는 문형이나 표현 및 어휘를 제시하여 문형공부에 흥미를 유발하게 하였다.

09 부록은 중급 단계에서 학습되어야 할 '사동, 피동'을 넣어서 한국어 학습에 도움이 되도록 하였다.

10 연습에 대한 모범답안은 학습자가 스스로 확인할 수 있도록 마지막에 수록하였다.

−거든요

<table>
<tr><td rowspan="2">동사/형용사</td><td>받침 O</td><td>−거든요</td><td>저는 아침밥을 꼭 먹거든요.</td></tr>
<tr><td>받침 X</td><td>−거든요</td><td>저 식당 음식 값이 비싸거든요.</td></tr>
<tr><td rowspan="2">명사</td><td>받침 O</td><td>−이거든요</td><td>엄마가 주신 책이거든요.</td></tr>
<tr><td>받침 X</td><td>−거든요</td><td>제가 제일 좋아하는 노래거든요.</td></tr>
</table>

1. 의미

이유 또는 사실을 나타낸다.

2. 형태

3. 용법

1) 이유를 말할 때 사용한다.

청소를 해야 해요. 내일 친구들이 놀러 오거든요.

가 : 그 사람을 왜 좋아해요?
나 : 잘 생겼고 게다가 재미있거든요.

2) 사실을 설명하면서 뒤에 이어지는 말이 있을 때 사용한다.

저 분이 우리 엄마시거든. 미인이시지?
이쪽으로 가면 은행이 있거든요. 그 옆에 약국이 있으니까 거기서
약을 사시면 돼요.

3) 이해할 수 없는 상황을 말할 때 사용한다.

요즘 아이들은 도대체 무슨 생각을 하는지 알 수가 없거든요.
그 사람의 말이 무슨 말인지는 알겠거든요. 하지만 그건 불가능해요.

<table>
<tr><td>4. 연습</td><td>

※ 다음 대화를 '- 거든요'를 사용하여 완성하십시오.

　1) 가 : 요즘 왜 그렇게 바빠요?

　　나 : 다음 주에 ________________________________

　2) 가 : 어제 마이클 씨랑 통화했어요?

　　나 : 아니요. ____________________. 그런데 집에 없더라고요.

　3) 가 : 주말에 가방을 산다더니 샀어요?

　　나 : 아니요. ____________________. 하지만 그 가게가 문을
　　　　닫아서 못 샀어요.

　4) 가 : 숙제는 했어요?

　　나 : 이따가 ____________________. 그러니까 걱정 마세요.

　5) 가 : 그 사람의 의견을 어떻게 생각해요?

　　나 : 그 의견을 이해는 ______________. 하지만 지금 상황에는 맞지
　　　　않는 것 같아요.

</td></tr>
</table>

1. 의미

동사와 함께 쓰여 어떤 행동을 하도록 한다.

2. 형태

받침 O	─게 하다	선생님이 이 책을 읽게 했어요.
받침 X	─게 하다	엄마가 두부를 사 오게 했어요.

3. 용법

1) 다른 사람에게 어떤 일을 시킬 때 사용한다.

한국에 온 친구를 우리 집에서 머물게 할 거예요.
선생님은 우리에게 중국어를 쓰지 못하게 하셨어요.

4. 연습

※ 다음 대화를 '─게 하다'를 사용하여 완성하십시오.

1) 가 : 피아노를 참 잘 치시네요. 어려서부터 배우셨어요?

   나 : 네. 어머니가 피아노를 좋아하셔서 어릴 때부터 ______________

2) 가 : 오늘은 미니스커트를 안 입었네요.

   나 : 아빠가 __________________ 오늘은 못 입었어요.

3) 가 : 정말 담배 끊으실 거예요?

   나 : 네. 딸아이가 담배를 __________________ 끊으려고 해요.

4) 가 : 제 여자친구가 기분이 안 좋은 거 같아요.

   어떻게 하면 ________________________________

   나 : 글쎄요. 저는 여자친구가 없어서…….

5) 가 : 아들이 영어를 잘 하게 하려면 어떻게 해야 하나요?

   나 : 매일 영자신문을 ________________________________

−고 말다

1. 의미

동사에 붙어 의도하지 않은 어떤 일이 결국 일어났음을 나타낸다.

2. 형태

받침 O	−고 말다	공부하다가 책에 우유를 쏟고 말았어요.
받침 X	−고 말다	우리 팀이 지고 말았어요.

3. 용법

1) 원하지 않은 어떤 일이 결국 일어났음을 말할 때 사용한다.

　수업시간에 만화책을 보다가 선생님께 들키고 말았어요.
　내일이 시험이라서 공부해야 하는데 잠이 들고 말았어요.

2) 말하는 이의 강한 의지를 말할 때 사용한다.
　: '−고 말겠다'의 형태로 사용된다.

　제가 그 소매치기를 꼭 잡고 말겠습니다.
　올해는 꼭 한국어능력시험 5급에 합격하고 말겠어요.

4. 연습

※ 다음 대화를 '−고 말다'를 사용하여 완성하십시오.

1) 가 : 그 회사에 취직했어요?

　나 : 아니요. 면접시험에서 ＿＿＿＿＿＿＿＿＿＿＿＿＿＿＿＿＿

2) 가 : 어제 본 영화가 어땠어요?

　나 : 너무 무서워서 ＿＿＿＿＿＿＿＿＿＿＿＿＿＿＿＿＿＿＿＿

3) 가 : 지난번에 도서관에서 빌린 한국 소설책 다 읽었어요?

　나 : 아니요. 너무 어려워서 아직 다 못 읽었지만 이번 주 안으로

＿＿＿＿＿＿＿＿＿＿＿＿＿＿＿＿＿＿＿＿＿＿＿＿＿＿＿＿

4) 가 : 다이어트 잘 하고 있어요?

　　나 : 아니요. 어제도 그만 야식을 ________________________

5) 가 : 방학에 유럽여행 간다더니 갔다왔어요?

　　나 : 아니요. 갑자기 바쁜 일이 생겨서 못 갔어요.

　　　　다음 방학에는 꼭 ________________________

1. 의미

동사에 붙어 어떤 일을 끝낸 결과를 나타낸다.

2. 형태

받침 O	－고 보니	먹고 보니 상한 음식이었어요.
받침 X	－고 보니	헤어지고 보니 좋은 사람인 걸 알았어요.

3. 용법

1) 어떤 동작이 이루어진 결과를 말할 때 사용한다.

친구의 이야기를 듣고 보니 당시 상황이 이해가 갔어요.

저 사람과 말하고 보니 그리 나쁜 사람은 아닌 것 같아요.

2) 어떤 상황의 결과를 말할 때 사용한다.
: '이다' 동사와 함께 사용한다.

내가 의사이고 보니 아픈 사람을 보고 그냥 지나칠 수가 없었어요.

우리 집이 이런 형편이고 보니 제가 아르바이트를 할 수밖에 없어요.

4. 연습

※ 다음 글을 '－고 보니'를 사용하여 완성하십시오.

> 오늘은 정말 운이 없는 하루였다. 아침부터 늦잠을 자서 학교에 늦고 말았다. 1)일어나고 보니 10시가 넘어 있었다. 허둥지둥 버스 정류장으로 달려가서 버스를 탔다. 그런데 2)________ 잘못 탔던 것이다. 나는 깜짝 놀라서 버스에서 내렸다. 3)________ 가방을 버스에 놓고 내린 것을 알았다. 가방을 찾으려고 버스 회사에 전화를 했다. 4)______ 수업시간이 한 시간밖에 남지 않았었다. 그래도 1시간 안에 가방을 찾으려고 버스 회사까지 갔다 왔다. 하지만 5)__________ 수업이 모두 끝난 시간이었다. 그래서 결국 학교에 가지 못했다. 오늘은 가방도 버스에 놓고 내리고 학교 수업도 못 듣고 정말 힘든 하루였다.

─고자

<table>
<tr><td>**1. 의미**</td><td>동사에 붙어 행위의 목적이나 말하는 사람의 의도를 나타낸다.</td></tr>
</table>

2. 형태

받침 O	─고자	교수님을 뵙고자 연락드렸습니다.
받침 X	─고자	숙제를 하고자 도서관에 왔어요.

3. 용법

1) 행위의 목적을 말할 때 사용한다.

유학에 대해 의논을 하고자 부모님을 찾아갔습니다.
남자친구에게 줄 초콜릿을 만들고자 재료를 샀어요.

2) 말하는 사람의 의도나 희망을 말할 때 사용한다.
: '─고자 하다'의 형태로 많이 사용된다.

한국어를 배워서 한국대학에 입학하고자 합니다.
내부 수리 관계로 다음 주부터 잠시 동안 문을 닫고자 합니다.

4. 연습

※ 다음 보기와 같이 '─고자'를 사용하여 문장을 만드십시오.

> 등록금을 내야 하는데 돈이 부족합니다.
> → ① 아르바이트를 하고자 구인광고를 찾아봤어요.
> → ② 아르바이트를 하고자 합니다.

1) 요즘 살이 너무 많이 쪘어요.
→ ①＿＿＿＿＿＿＿＿＿＿＿＿＿＿＿＿＿＿＿
→ ②＿＿＿＿＿＿＿＿＿＿＿＿＿＿＿＿＿＿＿

2) 요즘 짧은 머리가 유행이에요.

    → ① _______________________________________

    → ② _______________________________________

3) 한국 소설에 관심이 많아요.

    → ① _______________________________________

    → ② _______________________________________

4) 새벽 5시 비행기를 타야 해요.

    → ① _______________________________________

    → ② _______________________________________

5) 다른 회사와의 합작을 준비 중이에요.

    → ① _______________________________________

    → ② _______________________________________

Q : '공부를 하고자 도서관에 가요.'와 '공부를 하려고 도서관에 가요.'는 다른 문장인가요?

A : '-고자'와 '-(으)려고'는 같은 의미입니다.
    그렇지만 '-고자'는 '-(으)려고' 보다 격식적인 표현으로 주로, '보고서'나 '연설문' 등과 같은 공식적인 글에 더 많이 사용합니다.

조금 더 알아볼까요?

1. 앞 문장과 뒤 문장의 주어는 같아야 해요.
   (내가) 친구를 만나고자 (내가) 미국에 가요.(O)
   (내가) 친구를 만나고자 (동생이) 미국에 가요.(X)

2. '−고자'와 함께 쓰이는 동사에는 시제표현을 쓸 수 없어요.
   졸려서 커피를 마시고자 합니다.(O)
   졸려서 커피를 마셨고자 합니다.(X)
   졸려서 커피를 마시겠고자 합니다.(X)

3. '−고자' 뒤에 오는 문장에는 명령형과 청유형을 쓸 수 없어요.
   날씨가 좋아서 소풍을 가고자 친구에게 전화를 했어요.(O)
   날씨가 좋아서 소풍을 가고자 친구에게 전화를 하세요.(X)
   날씨가 좋아서 소풍을 가고자 친구에게 전화를 합시다.(X)

4. '−고자 안/못 하다'와 같은 부정표현은 쓸 수 없어요.
   조언을 듣고자 합니다.(O)
   조언을 듣고자 안/못 합니다.(X)

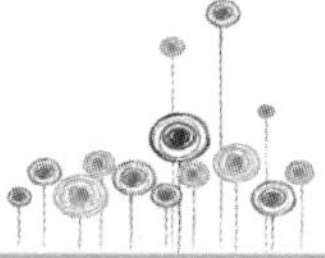

―곤 하다

1. 의미

동사에 붙어 동작의 반복을 나타낸다.

2. 형태

받침 O	―곤 하다	영어를 배우려고 팝송을 듣곤 했어요.
받침 X	―곤 하다	주말이면 시내에 가곤 해요.

3. 용법

1) 동작의 반복을 말할 때 사용한다.

우리는 부모님의 은혜를 잊곤 합니다.

어렸을 때는 언니와 서로 예쁜 옷을 입겠다고 싸우곤 했어요..

4. 연습

※ 다음을 '―곤 하다'를 사용하여 대답하십시오.

1) 기분이 나쁠 때 무엇을 하곤 합니까?

✏ ____

✏ ____

✏ ____

2) 용돈을 받으면 무엇을 하곤 합니까?

✏ ____

✏ ____

✏ ____

3) 시간이 있으면 애인과 무엇을 하곤 합니까?

✎ ____

✎ ____

✎ ____

조금 더 알아볼까요?

'—곤 하다'는 반복할 수 없는 동사와는 같이 사용할 수 없어요.

고양이가 죽곤 했어요.(X)
언니는 졸업하곤 했어요.(X)

─기는 하다

1. 의미

동사나 형용사 뒤에 붙어 앞 문장의 사실은 인정하지만 그와 다른 사실이 있음을 나타낸다.

2. 형태

받침 O	─기는 하다	김치를 먹기는 하지만 좋아하지 않아요.
받침 X	─기는 하다	오늘 바쁘기는 해. 그래도 널 만날 시간은 있어.

3. 용법

1) 어떤 사실을 인정하지만 또 다른 사실이 있을 때 사용한다.

한국 노래를 자주 듣기는 하지만 부를 줄은 몰라요.
지난주에 학교에 가기는 했는데 수업을 듣지는 않았어요.

4. 연습

※ 다음을 '─기는 하다'를 사용하여 완성하십시오.

1) 내일 날씨가 ＿＿＿＿＿＿＿＿＿＿＿＿＿＿＿＿＿＿＿＿

2) 나타샤 씨의 성격이 ＿＿＿＿＿＿＿＿＿＿＿＿＿＿＿＿

3) 가 : 한국에 대해서 잘 아세요?

   나 : 책에서 ＿＿＿＿＿＿＿＿＿＿＿＿＿＿＿＿＿＿＿＿

4) 가 : 이 가방이 어때요?

   나 : ＿＿＿＿＿＿＿＿＿＿＿＿＿＿＿＿＿＿＿＿＿＿＿

5) 가 : 어제 본 시험이 어려웠다지요?

   나 : ＿＿＿＿＿＿＿＿＿＿＿＿＿＿＿＿＿＿＿＿＿＿＿

조금 더 알아볼까요?

1. '-기는 하다'는 같은 동사나 형용사를 반복하여 표현할 수 있어요.
   남자친구가 사 준 옷이라서 <u>입기는 하지만</u> 마음에 들지는 않아요.
   = 남자친구가 사 준 옷이라서 <u>입기는 입지만</u> 마음에 들지는 않아요.

2. 시제는 '하다'나 뒤에 오는 동사나 형용사에서 표현해요.
   일 때문에 바쁘기는 <u>했지만</u> 잠도 못 잘 정도는 아니었어요.
   일 때문에 바쁘기는 <u>바쁘겠지만</u> 모임에 참석할 수는 있을 거예요.

−기는요

<table>
<tr><td rowspan="1">1. 의미</td><td colspan="3">동사나 형용사 뒤에 붙어 상대방의 의견에 동의하지 않음을 나타낸다.</td></tr>
</table>

1. 의미

동사나 형용사 뒤에 붙어 상대방의 의견에 동의하지 않음을 나타낸다.

2. 형태

받침 O	−기는요	김치가 맵기는요. 떡볶이가 더 매워요.
받침 X	−기는요	공부를 잘하기는요. 반에서 20등인걸요.

3. 용법

1) 상대방의 의견에 동의하지 않을 때 사용한다.

가 : 장사 잘 되시죠?

나 : 잘 되기는요. 불경기라 그런지 손님이 없어서 큰일이에요.

가 : 요즘 많이 바쁘시죠?

나 : 바쁘기는요. 얼마 전에 직장을 그만 둬서 집에서 쉬고 있는데요.

2) 칭찬에 대해 겸손하게 말할 때 사용한다.

가 : 따님이 참 친절하시네요.

나 : 친절하기는요. 예쁘게 봐 주셔서 고맙습니다.

가 : 살이 좀 빠지신 것 같아요.

나 : 살이 빠지기는요. 이 옷을 입으면 그렇게 보여요.

4. 연습	※ 다음 대화를 '-기는요'를 사용하여 완성하십시오.

1) 가 : 남매가 정말 사이가 좋네요.

　나 : ________________________________ 눈만 뜨면 싸우는 걸요.

2) 가 : 다음 달에 결혼하신다면서요?

　나 : ________________________________ 아직 여자친구도 없어요.

3) 가 : 외국인이신데 한국어를 정말 잘하시네요.

　나 : ____________________________ 이제 겨우 대화정도 할 수 있어요.

4) 가 : 오늘 날씨 시원하지요?

　나 : ____________________________ 저는 아직도 너무 더운데요.

5) 가 : 방학이 참 빨리 지나갔어요.

　나 : __________________________ 저는 심심해서 죽는 줄 알았어요.

−기만 하다

1. 의미

동사나 형용사 뒤에 붙어 한 가지 행동만을 하거나 어떤 상태가 지속됨을 나타낸다.

2. 형태

받침 O	−기만 하다	우리 동생은 자기 여자친구가 귀엽기만 하대요.
받침 X	−기만 하다	피곤해서 종일 자기만 했어요.

3. 용법

1) 동사와 함께 쓰여 한 가지 행동만 할 때 사용한다.

내가 좋아한다고 하니까 그녀는 계속 웃기만 했어요.

그렇게 먹기만 하고 운동을 안 하면 지금보다 더 뚱뚱해질 거예요.

2) 형용사와 함께 쓰여 어떤 상태가 지속될 때 사용한다.

성격이 좋기만 해도 다시 만나 보겠는데…….

어제 산 옷이 마음에 안 든다고 하더니 예쁘기만 하네요.

4. 연습

※ 다음 대화를 '−기만 하다'를 사용하여 완성하십시오.

1) 가 : 선생님, 이 책을 다 읽고 감상문도 써서 내야 해요?

　　나 : 아니요. ＿＿＿＿＿＿＿＿＿＿＿＿＿ 감상문은 안 써도 돼요.

2) 가 : 등산해 보니 어때요? 생각보다 재미있죠?

　　나 : 재미있다고요? 저는 ＿＿＿＿＿＿＿＿＿＿＿＿＿

3) 가 : 지난번에 말한 사람은 진짜 안 만나 볼 거예요?

　　나 : 네. 아직 남자친구 사귀고 싶지 않아요.

　　가 : 한번 ＿＿＿＿＿＿＿＿＿＿＿＿＿＿ 정말 괜찮은 사람이라니까요.

4) 가 : 그 식당이 유명하다고 하던데 음식이 맛있나요?

　　나 : 무슨 소리예요? ＿＿＿＿＿＿＿＿＿＿＿＿＿＿ 맛은 없어요.

5) 가 : 마이클 씨가 9시까지 올까요?

　　나 : 글쎄요. 10시까지 ＿＿＿＿＿＿＿＿＿＿＿＿＿＿ 다행이에요.

―길래

<table>
<tr><td>1. 의미</td><td>동사나 형용사 뒤에 붙어 이유나 원인을 나타낸다.</td></tr>
</table>

2. 형태

받침 O	―길래	싸고 좋길래 여러 개 샀어요.
받침 X	―길래	한국어를 잘하길래 번역을 부탁했어요.

3. 용법

1) 이유나 원인을 말할 때 사용한다.

무슨 말을 했길래 사장님이 그렇게 화를 내세요?

떡볶이를 먹어 보니 무척 맵길래 동생에게 먹지 말라고 했어요.

4. 연습

※ 다음 문장을 연결하고 '―길래'를 사용하여 한 문장으로 만드십시오.

1) 날씨가 춥다	•	• 지하철을 타다
2) 저 사람이 누구이다	•	• 옷을 많이 입다
3) 은행 문을 닫다	•	• 그냥 집으로 돌아오다
4) 길이 복잡하다	•	• 그런 말을 하다
5) 동생이 영화를 보다	•	• 팝콘을 갖다 주다

(1) 날씨가 춥길래 옷을 많이 입었어요.

(2) _______________________________________

(3) _______________________________________

(4) _______________________________________

(5) _______________________________________

까지

1. 의미

명사와 함께 쓰여 범위의 끝이나 어떤 상황에 또 다른 상황이 더해짐을 나타낸다.

2. 형태

받침 O	까지	KTX로 서울에서 대전까지 50분이면 돼요.
받침 X	까지	수미는 착한데다가 공부까지 잘해요.

3. 용법

1) 범위의 끝을 말할 때 사용한다.

선생님이 되기까지 많은 노력을 했습니다.
월요일부터 금요일까지 한국어 수업이 있어요.

2) 어떤 상황에 또 다른 상황을 더할 때 사용한다.

돈도 없고 추운데 배까지 고프다.
민수는 영어도 잘하고 중국어도 잘하고 일본어까지 잘해요.

3) 극단적인 상황을 말할 때 사용한다.

50년 뒤에는 공기까지 사서 마셔야 할지도 몰라요.
이번 일로 부모님까지 저를 못 믿으시는 것 같아서 마음이 너무 아파요.

<table>
<tr><td>4. 연습</td><td>

※ 다음 보기에서 알맞은 단어를 골라 '까지'를 사용하여 문장을 완성하십시오.

| 공부 | 빨래 | 눈물 | 주말 | 4급 |

1) 엄마가 안 계셔서 식사 준비에 청소에 __________ 제가 다 해야 해요.

2) 제 동생은 친절하고 외모도 준수하고 키도 크고 게다가 _______ 잘해요.

3) 가 : 주말에 시간 있어요?

　　나 : 미안해요. 리포트 때문에 이번 __________ 바쁠 것 같아요.

4) 가 : 한국에 온 지 1년이 됐다는데 한국어는 어디까지 공부했어요?

　　나 : 한국어 ___________ 공부했어요.

5) 가 : 결혼한 지 10년 만에 아이를 가지셨다면서요?

　　나 : 네. 그 소식을 듣자마자 좋아서 ___________ 나왔어요.

</td></tr>
</table>

ㅡ ㄴ/는다면

<table>
<tr><td rowspan="2">동사</td><td>받침 O</td><td>ㅡ는다면</td><td>국수를 숟가락으로 먹는다면 먹기 힘들 거예요.</td></tr>
<tr><td>받침 X</td><td>ㅡㄴ다면</td><td>이 책으로 공부한다면 합격할 수 있을 거예요.</td></tr>
<tr><td>형용사</td><td>받침 O
/ 받침 X</td><td>ㅡ다면</td><td>1억 원이 있다면 세계여행을 하고 싶어요.
나도 농구선수처럼 키가 크다면 좋을 텐데…….</td></tr>
<tr><td rowspan="2">명사</td><td>받침 O</td><td>ㅡ이라면</td><td>저 집이 우리집이라면 얼마나 좋을까요?</td></tr>
<tr><td>받침 X</td><td>ㅡ라면</td><td>내가 너라면 끝까지 포기하지 않을 거야.</td></tr>
</table>

1. 의미

어떤 상황을 가정한다.

2. 형태

3. 용법

1) 어떤 상황을 가정하여 말할 때 사용한다.

내가 의사가 된다면 무료 의료봉사 활동을 할 거예요.

물고기를 손으로 잡는다면 몇 마리나 잡을 수 있을 것 같아요?

4. 연습

※ 다음 문장을 완성하십시오.

1) 복권에 당첨된다면 ________________________________

2) 내 남자친구가 멋있다면 ________________________________

3) 결혼해서 아이를 낳는다면 ________________________________

4) 내 여자친구가 날씬하다면 ________________________________

5) 내가 한국어 선생님이라면 ________________________________

-느니

1. 의미	동사와 함께 쓰여 앞의 행위보다 뒤의 행위가 나음을 나타낸다.	

2. 형태

받침 O	-느니	너랑 밥을 먹느니 차라리 굶겠어.
받침 X	-느니	혼자서 고민하느니 직접 만나 이야기하세요.

3. 용법

1) 뒤의 행위나 상황이 앞의 행위나 상황보다 더 나을 때 사용한다.

내가 하느니 차라리 네가 하는 게 더 나아.

주말에 이렇게 자고 있느니 밖에 나가서 친구라도 만나요.

4. 연습

※ 다음 가, 나의 상황에서 알맞은 것을 골라 '-느니'를 사용하여 문장을 만드십시오.

가	· 동생의 요리를 먹다 · 중고 중형차를 사다	· 매일 친구들과 놀다 · 재미없는 책을 읽다	· 빨간색 바지를 입다
나	· 잠을 자다 · 운동복을 입다	· 새 소형차를 사다 · 한국어 공부를 하다	· 피자를 시켜 먹다

1) <u>동생의 요리를 먹느니 피자를 시켜 먹겠어요.</u>

2) ____

3) ____

4) ____

5) ____

−느라고

<table>
<tr><td></td><td></td><td></td></tr>
</table>

1. 의미

동사와 함께 쓰여 이유나 목적을 나타낸다.

2. 형태

받침 O	−느라고	책을 읽느라고 밤을 새웠어요.
받침 X	−느라고	텔레비전을 보느라고 숙제를 못 했어요.

3. 용법

1) 앞 문장이 뒤 문장의 이유가 될 때 사용한다.

　친구와 이야기하느라고 시간 가는 줄 몰랐어요.
　음악을 들으면서 걷느라고 자동차 소리를 못 들었어요.

2) 앞 문장이 뒤 문장의 목적이 될 때 사용한다.

　학비를 모으느라고 아르바이트를 해요.
　요즘 시험 준비하느라고 사전을 하나 새로 샀어요.

4. 연습

※ 다음 그림을 보고 '−느라고'를 사용하여 문장을 만드십시오.

1) <u>나는 어제 밀린 빨래하느라고 힘들었어요.</u>

2) ______________________________________

3) ______________________________________

4) ______________________________________

5) ______________________________________

−는 길에

| 1. 의미 | 동사와 함께 쓰여 어떤 행위를 하는 도중이나 기회를 나타낸다. |

2. 형태

받침 O / 받침 X	−는 길에	학교 가는 길에 편지 좀 부쳐줘.

3. 용법

1) 어떤 행위를 하는 도중에 다른 행위를 할 때 사용한다.
   : 주로 이동 동사와 함께 사용한다.

   출근하는 길에 아이를 유치원에 데려다 줍니다.
   시내 나가는 길에 여행사에 들러 비행기표 좀 찾아다 주세요.

4. 연습

※ 다음 중 알맞은 것을 골라 문장을 연결하고 '−는 길에'를 사용하여 한 문장으로 만드십시오.

1) 중국에 여행 가다 •　　　　　• 친구 대신 책을 빌리다

2) 집에 들어오다 •　　　　　• 관리실에서 택배를 찾다

3) 도서관에서 나오다 •　　　　　• 치파오 좀 사다 주다

4) 학교에 가다 •　　　　　• 할머니를 병원에 모셔다 드리다

5) 미국에서 귀국하다 •　　　　　• 일본에 잠깐 들르다

(1) 중국에 여행 가는 길에 치파오 좀 사다 주세요.

(2) ____

(3) ____

(4) ____

(5) ____

−는 바람에

1. 의미

동사와 함께 쓰여 원인이나 근거를 나타낸다.

2. 형태

받침 O	−는 바람에	동생이 내 빵을 먹는 바람에 저는 굶었어요.
받침 X	−는 바람에	태풍이 부는 바람에 다리가 무너졌어요.

3. 용법

1) 원인이나 근거를 말할 때 사용한다.

버스를 놓치는 바람에 약속시간에 늦었어요.

경제가 나빠지는 바람에 취업이 잘 안 돼서 걱정이에요.

4. 연습

※ 다음을 연결하고 '−는 바람에'를 사용하여 한 문장으로 만드십시오.

1) 길에서 넘어지다   •   • 시험을 못 보다

2) 눈이 많이 오다   •   • 당황하다

3) 고기만 먹다   •   • 창피하다

4) 갑자기 아이가 울다   •   • 변비에 걸리다

5) 시험 전날 술을 마시다   •   • 교통사고가 나다

(1) <u>길에서 넘어지는 바람에 창피했어요.</u>

(2) _______________________________________

(3) _______________________________________

(4) _______________________________________

(5) _______________________________________

−는 중이다

1. 의미

동사와 함께 쓰여 동작의 진행을 나타낸다.

2. 형태

받침 O	−는 중이다	과일을 씻는 중이에요.
받침 X	−는 중이다	학교에 가는 중이에요.

3. 용법

1) 어떤 동작이 진행되고 있을 때 사용한다.

동생은 방금 들어와서 밥을 먹는 중이에요.

지금 회의하는 중이니까 조용히 해 주세요.

4. 연습

※ 다음 그림을 보고 '−는 중이다'를 사용하여 대화를 완성하십시오.

1)

가 : 언니는 지금 뭐 하고 있어요?

나 : ________________________

2)

가 : 민이는 뭐 해요?

나 : ________________________

3)

가 : 상민이는 뭐 하고 있어요?

나 : ________________________

4)

가 : 에스더는 뭐 해요?

나 : ________________________

명사일 때는 'N 중이다'로 사용해요. 이때 함께 쓸 수 있는 명사는 '하다'동사와 어울리는 명사이거나 명사만으로도 동작을 알 수 있는 명사여야 해요.

<u>시험</u> 중에 옆 사람과 이야기하지 마세요.
<u>운전</u> 중에는 휴대전화를 사용하면 안 돼요.
지금 <u>식사</u> 중이니까 조금 후에 다시 전화 주십시오.

–는 통에

1. 의미

동사와 함께 쓰여 원인을 나타낸다.

2. 형태

받침 O	–는 통에	친구가 손을 세게 잡는 통에 멍이 들었어요.
받침 X	–는 통에	아이들이 싸우는 통에 정신이 하나도 없어요.

3. 용법

1) 원인을 말할 때 사용한다.

친구가 서두르는 통에 휴대전화를 놓고 나왔어요.

옆에서 하도 시끄럽게 떠드는 통에 무슨 말을 하는지 하나도 듣지 못했다.

4. 연습

※ 다음 문장을 완성하십시오.

1) 엄마가 잔소리하는 통에 ________________________________

2) 갑자기 손님이 오는 통에 ________________________________

3) 여기저기서 소리 내서 책을 읽는 통에 ____________________

4) ________________________________ 잠에서 깼어요.

5) ________________________________ 지갑을 잃어버렸어요.

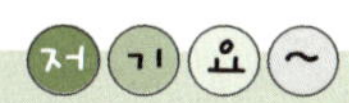

Q : '―는 바람에'와 '―는 통에'는 무엇이 다른가요?
A : 둘 다 부정적인 결과가 생기게 되는 원인을 말하지만 '―는 통에'는 복잡하고 정신없는 상황으로 인한 부정적인 결과를 말할 때 사용합니다. 반면에 '―는 바람에'는 의도하지 않은 상황일 때는 긍정적인 결과도 올 수 있습니다. 예를 들어볼까요?

급하게 숙제를 하는 통에 글씨가 엉망이에요.
시험 보는 날 우리 반 1등이 결석하는 바람에 제가 1등을 하게 되었어요.

－는 한

| 1. 의미 | 동사와 함께 쓰여 조건을 나타낸다. |

2. 형태			
받침 O	－는 한	당신이 제 옆에 있는 한 저는 슬프지 않아요.
받침 X	－는 한	이렇게 계속 결석하는 한 졸업하기 힘들어.

3. 용법

1) 행위나 상태에 대한 조건을 말할 때 사용한다.

취직을 하지 않는 한 결혼 허락을 받기 어려워요.

부모님이 살아 계시는 한 부모님의 뜻대로 해야지요.

4. 연습

※ 다음 단어를 가지고 '－는 한'을 사용하여 문장을 만드십시오.

1) 밀리다 / 숙제 / 있다 / 여자친구 / 만나다 / 힘들다

   → ______________________________________

2) 밥 / 많이 / 먹다 / 살 / 빼다 / 어렵다

   → ______________________________________

3) 한국 / 살다 / 한국어 / 필요하다

   → ______________________________________

4) 꿈 / 있다 / 계속 / 노력하다

   → ______________________________________

5) 될 수 있다 / 9시 / 서류 / 보내다

   → ______________________________________

─다(가) 보니(까)

1. 의미

동사나 형용사와 함께 쓰여 어떤 행위를 계속 하는 과정을 통해 결과가 생김을 나타낸다.

2. 형태

받침 O	─다 보니까	한국에서 오래 살다 보니까 한국음식이 좋아졌어요.
받침 X	─다 보니까	발이 크다 보니 신발을 사는 것이 힘들어요.

3. 용법

1) 어떤 행위를 계속 한 후 결과가 생겼을 때 사용한다.

매일 요리를 하다 보니 요리 솜씨가 늘었어요.
한국 신문을 읽다가 보니까 한국 경제에 관심이 생겼어요.

4. 연습

※ 다음 문장을 완성하십시오.

1) 열심히 공부하다 보니 _______________________________

2) 그 가수의 노래를 듣다 보니 _______________________________

3) 요즘 회사일로 바쁘다 보니 _______________________________

4) _______________________________ 엄마가 보고 싶어졌어요.

5) _______________________________ 건강해졌어요.

−다가는

1. 의미		동사와 함께 쓰여 뒤 문장의 근거를 나타낸다.

2. 형태

받침 O	−다가는	그렇게 비를 맞다가는 감기에 걸릴 거예요.
받침 X	−다가는	도둑이 잡힐 듯하다가는 다시 도망갔다.

3. 용법

1) 앞 문장의 행위를 근거로 부정적인 결과가 생겼을 때 사용한다.

거짓말을 했다가는 엄마한테 많이 혼날 거예요.

공부도 안 하고 놀기만 하다가는 대학에 떨어질 게 뻔해요.

2) 어떤 행위나 상태가 중단되고 다른 행위나 상태로 전환됨을 말할 때 사용한다.

동생이 편지를 쓰다가는 갑자기 밖으로 나갔어요.

조금 전까지 날씨가 맑다가는 소나기가 내렸어요.

4. 연습

※ 다음 보기처럼 '−다가는'을 사용하여 문장을 완성하십시오.

[보기]

(1) 그렇게 담배를 피우다가는 건강이 나빠질 거예요.

(2) 친구가 담배를 피우다가는 갑자기 울기 시작했어요.

1)

(1) _______________________________

____

(2) _______________________________

____

2)

(1) _______________________________

____

(2) _______________________________

____

3)

(1) _______________________________

____

(2) _______________________________

____

1. 의미 감탄이나 믿을 수 없음을 나타낸다.

2. 형태

동사/형용사	받침 O	－다니	그 많은 빵을 다 먹었다니 정말 대단하다! 선생님 딸이 이렇게 귀엽다니!
	받침 X	－다니	날 두고 이렇게 가다니 실망이야. 이 시간에 이렇게 길이 복잡하다니 이상한데요.
명사	받침 O	－이라니	저 사람이 미혼이라니 믿을 수 없네요.
	받침 X	－라니	이게 네가 만든 요리라니!

3. 용법 1) 놀람, 감탄이나 믿을 수 없을 때 사용한다.

5월인데 이렇게 날씨가 춥다니 말도 안 돼.

이 시간에 네가 공부를 하고 있다니 해가 서쪽에서 뜨겠다.

4. 연습 ※ 다음 대화를 '－다니'를 사용하여 완성하십시오.

1) 가 : 항상 1등을 하던 민수가 대학 시험에 떨어졌대요.

　　나 : 정말요? ________________________________

2) 가 : 이 아이가 바로 제 딸입니다.

　　나 : ________________________________

3) 가 : 철수에게 술 끊으라고 얘기했어요? 지금 또 술을 마시잖아요!

　　나 : ________________________________

4) 가 : 희연이가 밥을 먹고 또 빵을 먹고 있어요.

   나 : ________________________________

5) 가 : 아이에게 책 10권을 사 오라고 시켰어요.

   나 : ________________________________

―다(가) 보면

1. 의미

동사나 형용사 뒤에 붙어 앞 문장의 행위를 반복하면 생기는 결과나 상태를 나타낸다.

2. 형태

받침 O	―다 보면	정신이 없다 보면 실수도 할 수 있지요.
받침 X	―다 보면	이 길로 쭉 가다 보면 학교가 나올 거예요.

3. 용법

1) 앞 문장의 결과로 새로운 일이 생길 때 사용한다.

시간이 지나다 보면 나쁜 기억도 잊혀질 거예요.
외국에서 살다 보면 엄마가 만든 음식이 그리울 때가 있어요.

4. 연습

※ 다음 문장을 완성하십시오.

1) 피아노를 매일 연습하다 보면 ________________________

2) 집안 일로 힘들다 보면 ________________________

3) 싫어하는 사람도 자꾸 만나다 보면 ________________________

4) 짧은 치마를 자꾸 입다가 보면 ________________________

5) 매운 음식도 자꾸 먹다 보면 ________________________

Q : '-다(가) 보면'과 '-다(가) 보니'는 무슨 차이가 있나요?
A : '-다(가) 보면'과 '-다(가) 보니'는 비슷한 표현입니다.
   하지만 '-다(가) 보면'은 일반적인 결과를 말할 때 사용하고, '-다(가) 보니'는 개인적인 경험의 결과를 말하는 경우가 많습니다.
   예를 들어 볼까요?

   그 사람을 <u>만나다 보면</u> 그 사람에 대해 알게 될 거예요.
   그 사람을 <u>만나다 보니</u> 정이 들어서 결혼하게 되었어요.

   그리고 '-다(가) 보면'은 뒤 문장에 과거형을 쓸 수 없지만 미래형은 쓸 수 있습니다. 반면에 '-다(가) 보니'는 과거형은 쓸 수 있지만 미래형은 쓸 수 없습니다.
   예를 들어 볼까요?

   한국 신문을 <u>읽다 보면</u> 한국에 대해 더 자세히 <u>알게 될 거예요.</u>(O)
   한국 신문을 <u>읽다 보면</u> 한국에 대해 더 자세히 <u>알게 됐어요.</u>(X)

   한국 신문을 <u>읽다 보니</u> 한자를 많이 <u>알게 되었어요.</u>(O)
   한국 신문을 <u>읽다 보니</u> 한자를 많이 <u>알게 될 거예요.</u>(X)

−다시피

<table>
<tr><td>1. 의미</td><td colspan="3">동사와 함께 쓰여 그 동작과 거의 같음을 나타낸다.</td></tr>
</table>

1. 의미

동사와 함께 쓰여 그 동작과 거의 같음을 나타낸다.

2. 형태

받침 O	−다시피	내 친구는 살을 빼려고 매일 굶다시피 해요.
받침 X	−다시피	지각을 할 것 같아서 뛰다시피 교실로 들어갔어요.

3. 용법

1) 앞 동작과 거의 비슷하게 함을 말할 때 사용한다.

우리는 싸우다시피 논쟁을 벌였지만 결론은 아무것도 없었다.

우리 오빠는 매일 컴퓨터 게임을 하느라고 PC방에서 살다시피 해요.

2) 일부 동사와 함께 쓰여 사실을 재확인할 때 사용한다.
   : 주로 '보다', '알다', '듣다' 등의 동사와 쓰인다.

네가 알다시피 우리 집은 대학교에 갈 형편이 안 돼.

보시다시피, 우리 회사가 다른 회사 물건에 비해 품질이 우수합니다.

4. 연습

※ 다음 대화를 '−다시피'를 사용하여 완성하십시오.

1) 가 : 내일이 시험인데 공부는 많이 했어요?

   나 : 그럼요. 이번에는 책을 거의 다 ___________________________

2) 가 : 오늘 아침에는 학교에 지각 안 했어요?

   나 : 네. 늦을 까봐 ___________________ 뛰어가서 버스를 탔어요.

3) 가 : 이제 몸은 괜찮아졌어요?

   나 : ___________________ 많이 좋아졌어요.

4) 가 : 어제 ________________ 다음 주에 말하기 대회가 있습니다.

   나 : 네? 뭐라고요? 언제 말씀하셨어요? 저는 못 들었는데 다시 한 번

       말씀해 주세요.

5) 가 : 철수 씨는 수업 시간에 공부를 열심히 해요?

   나 : 아니요. 공부에 관심이 없어서 거의 ____________________

답다

1. 의미

명사와 함께 쓰여 그러한 자격이 있음을 나타낸다.

2. 형태

받침 O	답다	저 친구의 행동을 보니 정말 어른답다.
받침 X	답다	우리 교수님은 학자답게 연구도 열심히 하십니다.

3. 용법

1) 자격이 있음을 말할 때 사용한다.

씩씩한 걸음걸이를 보니 정말 군인답구나!

선생다운 선생이 되도록 노력합시다.

4. 연습

※ 다음 질문에 맞는 답을 고르세요.

1) 다음 중 학생답지 않은 사람은 누구일까요?

① 매일 예습과 복습을 잘 해요.

② 모르는 것은 바로 선생님께 질문해요.

③ 수업 시간에 선생님 말씀을 잘 들어요.

④ 책가방에 책은 없고 게임기만 들어 있어요.

2) 다음 중 부모답지 않은 행동은 어느 것입니까?

① 아이들과 과자를 놓고 싸운다.

② 아이들에게 칭찬을 많이 한다.

③ 아이들의 생각을 이해하려고 한다.

④ 아이들 때문에 화가 나는 일이 있어도 참고 다시 한 번 생각한다.

3) 대통령다운 행동은 어떤 것들이 있을까요? 써 보십시오.

✏ ____

✏ ____

✏ ____

대로

<table>
<tr><td>1. 의미</td><td>명사와 함께 쓰여 그 명사에 근거함을 나타낸다.</td></tr>
</table>

1. 의미

명사와 함께 쓰여 그 명사에 근거함을 나타낸다.

2. 형태

받침 O	대로	어머니의 말씀대로 미국에 유학을 가기로 했어요.
받침 X	대로	이 상태대로 경제가 발전된다면 좋겠어요.

3. 용법

1) 앞의 명사에 근거하거나 다르지 않음을 말할 때 사용한다.

이 사건은 법대로 처리하겠습니다.

그렇게 자기 마음대로 행동하다가는 여기에서 쫓겨날 거예요.

2) 서로 구별될 때 사용한다.

너는 너대로 나는 나대로 각자 알아서 시험준비를 하자.

학생은 학생대로 선생님은 선생님대로 나눠서 앉아 보세요.

4. 연습

※ 다음 보기에서 알맞은 단어를 골라 '대로'를 사용하여 대화를 완성하십시오.

규칙	설명서	아이	가르침	방식

1) 가 : 이 캠코더는 어떻게 사용해요?

나 : 그 옆에 있는 ____________ 작동해 보세요.

2) 가 : 이 문제를 어떻게 하지요?

나 : 너는 네 ________ 나는 내 _________ 이 문제를 해결해 보자.

3) 가 : 우리 아이는 왜 이렇게 집중력이 없을까요?

　　나 : 너무 걱정하지 마세요. 아이는 ＿＿＿＿＿＿＿ 각자의 장단점이

　　　　있으니까요.

4) 가 : 영희 씨, 성공의 비결이 뭐예요?

　　나 : 부모님의 ＿＿＿＿＿＿＿ 열심히 노력했어요.

5) 가 : 기숙사에서 생활하는 것이 어때요?

　　나 : ＿＿＿＿＿＿＿ 해야 해서 가끔 불편하기도 하지만 지낼 만해요.

1. 의미

동사나 형용사 뒤에 붙어 과거에 직접 경험한 것을 회상하며 감탄함을 나타 낸다.

2. 형태

받침 O	－더군요	외국사람인데 김치를 잘 먹더군요.
받침 X	－더군요	우리 선생님이 노래를 잘 부르시더군요.

3. 용법

1) 과거에 경험한 것을 회상하면서 감탄할 때 사용한다.

　　알고 보니 그 여자는 글을 잘 쓰더군요.

　　인도 음식이 생각보다는 입에 잘 맞더군요.

4. 연습

※ 다음 대화를 '－더군요'를 사용하여 완성하십시오.

1) 가 : 어제 본 영화가 어땠어요?

　　나 : 재미없을 줄 알았는데 생각보다 ＿＿＿＿＿＿＿＿＿＿＿

2) 가 : 지연 씨를 만나 보니 어때요?

　　나 : 소문대로 ＿＿＿＿＿＿＿＿＿＿＿＿＿＿＿＿＿＿＿＿＿

3) 가 : 여행 잘 다녀왔어요?

　　나 : 음식도 맛있고 볼 것도 ＿＿＿＿＿＿＿＿＿＿＿＿＿＿＿

4) 가 : 영희 씨가 만든 음식을 먹어 봤어요?

　　나 : 네. 먹어 봤어요. 아주 맛있지는 않았지만 그래도 ＿＿＿＿＿

5) 가 : 성아 씨가 정말 노래를 잘해요?

　　나 : 아뇨. 소문과 다르게 아주 ＿＿＿＿＿＿＿＿＿＿＿＿＿

−더니

| 받침 O | −더니 | 작년 겨울은 많이 춥더니 올 겨울은 춥지 않군요. |
| 받침 X | −더니 | 어제는 눈이 오더니 오늘은 비가 오네요. |

1. 의미

동사나 형용사와 함께 쓰여 경험하며 알게 된 것에 대한 대조나 결과를 나타낸다.

2. 형태

3. 용법

1) 앞 문장과 뒤 문장이 서로 대조될 때 사용한다.

아침부터 머리가 아프더니 지금은 괜찮아졌어요.
오 선생님이 10년 전에는 날씬하더니 요즘은 살이 많이 쪘더군요.

2) 앞 문장으로 인한 결과를 말할 때 사용한다.

아침에 날씨가 그렇게 흐리더니 결국 비가 오는군요.
매일 열심히 도서관에 가서 공부하더니 이번 시험에서 1등을 했어요.

3) 앞 문장의 상황에 또 다른 상황이 있을 때 사용한다.

그 컴퓨터가 가격도 싸더니 성능까지 좋다.
에스더가 어제는 지각을 하더니 오늘은 결석을 하네요.

4. 연습

※ 다음 그림을 보고 '- 더니'를 사용하여 문장을 만드십시오.

1) ______________________________

____

2) ______________________________

____

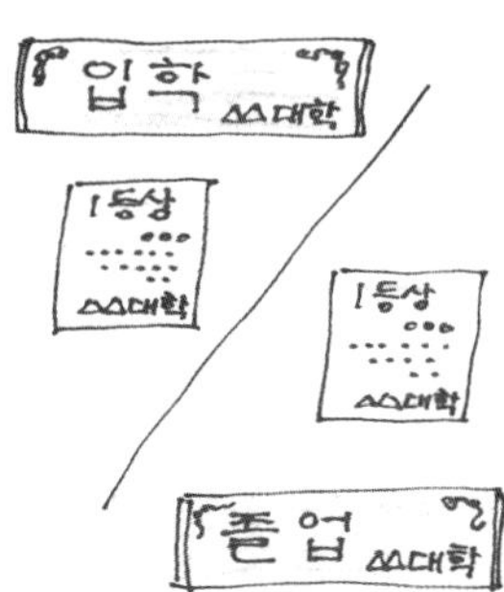

3) ______________________________

____

4) ______________________________

____

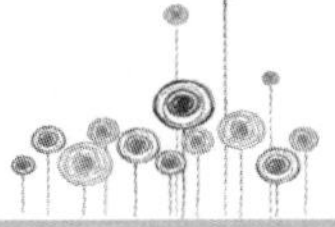

조금 더 알아볼까요?

'–더니'의 주어는 주로 3인칭이 오며 앞 문장과 뒤 문장의 주어가 같아야 해요.

언니가 연애를 하더니 (언니가) 많이 상냥해졌어요.(O)
내가 연애를 하더니 언니가 많이 상냥해졌어요.(X)

―더라고요

1. 의미

동사나 형용사 뒤에 붙어 과거에 직접 경험한 일이나 알게 된 사실을 다른 사람에게 전달함을 나타낸다.

2. 형태

받침 O	―더라고요	생각보다 떡볶이가 많이 맵더라고요.
받침 X	―더라고요	영희는 아까 집에 가더라고요.

3. 용법

1) 과거에 경험한 일이나 새로 알게 된 사실을 다른 사람에게 말할 때 사용한다.

집에 갔더니 벌써 밥을 먹었더라고요.
어제 민수 씨 어릴 때 사진을 봤는데 귀엽더라고요.

4. 연습

※ 다음 대화를 '―더라고요'를 사용하여 완성하십시오.

1) 가 : 철수는 어디 있니?

나 : 아까 보니까 _______________________________

2) 가 : 어제 본 상민 씨의 신부가 어땠어요?

나 : 듣던 대로 _______________________________

3) 가 : 시험 잘 봤어요?

나 : 아니요. _______________________________

4) 가 : 어제 축구 경기에서 누가 이겼어요?

나 : 상대팀이 강팀이라 질 줄 알았는데 한국이 _______________

5) 가 : 민이는 지난주에 빌려 간 책은 다 읽었대요?

나 : 벌써 다 읽고 _______________________________

−더라도

받침 O	−더라도	아무리 멀더라도 꼭 가고야 말겠어요.
받침 X	−더라도	비가 오더라도 나는 낚시를 갈 거예요.

1. 의미

동사나 형용사 뒤에 붙어 가정이나 양보를 나타낸다.

2. 형태

3. 용법

1) 가정이나 양보를 말할 때 사용한다.

아무리 눈물이 나더라도 아무데서나 울면 안 되죠.

그 일이 맘에 안 들더라도 참고 끝까지 하셔야 합니다.

4. 연습

※ 다음 보기와 같이 '−더라도'를 사용하여 상황에 맞는 문장을 만드십시오.

> 상황 : 배가 너무 아파요. 그런데 오늘 시험을 봐요.
> → 아무리 배가 아프더라도 오늘은 꼭 학교에 가서 시험을 봐야 해요.

1) 상황 : 오늘 땀을 많이 흘려서 샤워를 해야 하는데 하기가 싫어요.

→ ______________________________

2) 상황 : 여자친구가 해 준 요리가 너무 맛이 없어요.

→ ______________________________

3) 상황 : 고향에 꼭 가야 하는데 비행기 값이 너무 비싸요.

→ ______________________________

4) 상황 : 출근해야 하는데 눈이 너무 많이 와요.

→ ______________________________________

5) 상황 : 영국 사람인 콜린 씨는 한국어 수업 시간에 한국어로만 말하는
것을 힘들어해요.

→ ______________________________________

−던

<table>
<tr><td>1. 의미</td><td>동사나 형용사 뒤에 붙어 과거 일을 회상하거나 그 일이 완료되지 않고 계속되었음을 나타낸다.</td></tr>
</table>

1. 의미

동사나 형용사 뒤에 붙어 과거 일을 회상하거나 그 일이 완료되지 않고 계속되었음을 나타낸다.

2. 형태

받침 O	−던	식탁 위에 있는 사과는 내가 먹던 사과예요.
받침 X	−던	오랫동안 고생하던 친구가 드디어 성공했다.

3. 용법

1) 회상하여 말할 때 사용한다.

작년에는 크던 옷이 이제는 딱 맞아요.
내가 입학을 하던 날도 눈이 많이 내렸어.

2) 끝나지 않은 것을 말할 때 사용한다.

어제 마시던 주스는 어디에 있어요?
내가 읽던 잡지를 어머니께서 치우셨어요.

4. 연습

※ 다음 대화를 '−던'을 사용하여 완성하십시오.

1) 가 : 책상 위에 있는 커피는 뭐예요?

　　나 : 미안해요. 제가 ＿＿＿＿＿＿＿＿＿ 커피예요. 곧 치울게요.

2) 가 : 뭘 찾고 있어요?

　　나 : 제가 ＿＿＿＿＿＿ 편지를 찾고 있어요. 편지를 쓰다가 화장실에
　　　　갔다 왔거든요.

3) 가 : 지금 입고 있는 옷이 참 예쁘네요. 새로 샀어요?

   나 : 아니요. 동생이 ________________ 옷이에요.

4) 가 : 철수 씨의 성격이 원래 그렇게 안 좋아요?

   나 : 아니요. ________________ 여자 친구와 헤어진 후에 변했어요.

5) 가 : ________________ 사람이 매일 야식을 먹더니 뚱뚱해졌네요.

   나 : 맞아요. 그래서 지금 운동을 해서 살을 빼려고 해요.

-도록

| 1. 의미 | 동사나 일부 형용사 뒤에 붙어 목적이나 정도를 나타낸다. |

2. 형태			
받침 O	-도록	제가 이해할 수 있도록 천천히 말해 주세요.
받침 X	-도록	점심을 배가 터지도록 먹어서 저녁은 못 먹겠어요.

3. 용법

1) 행위에 대한 목적을 말할 때 사용한다.

병이 빨리 낫도록 약을 잘 챙겨 드세요.
약속 시간에 늦지 않도록 조금 일찍 출발하는 게 어때요?

2) 행위에 대한 정도를 말할 때 사용한다.

배꼽이 빠지도록 웃었더니 스트레스가 풀리는 것 같아요.
이번 시험에서 아들이 전교 1등을 해서 입에 침이 마르도록 칭찬을 해 줬어요.

3) 시간의 한계를 말할 때 사용한다.

오랜만에 친구들과 놀러 가서 밤새도록 이야기를 했어요.
시험 시간이 다 끝나도록 수학 문제를 한 문제도 못 풀었어요.

4. 연습

※ 다음 문장을 '-도록'을 사용하여 완성하십시오.

1) 아이가 땀이 ______________ 온 집안을 뛰어다녀요.

2) 강의실 뒤에까지 ______________ 큰소리로 말씀해 주세요.

3) 밤 12시가 __________ 아빠가 안 들어오셔서 엄마가 화가 나셨어요.

4) 졸업하자마자 좋은 회사에 _____________ 열심히 공부하고 있어요.

5) 한국에서는 손님을 초대할 때 상다리가 _______________ 차려야
   한다고 생각해요.

−든지

1. 의미	동사와 형용사 뒤에 붙어 선택을 나타낸다.	

2. 형태

받침 O	−든지	심심하면 책을 읽든지 영화를 봐.
받침 X	−든지	키가 크든지 작든지 상관하지 않겠어.

3. 용법

1) 둘 이상의 것 중에서 하나를 선택할 때 사용한다.

이번 겨울에는 수영을 하든지 헬스장을 다니든지 굶든지 해서 살을 빼고야 말겠어요.

유학을 가는 아들에게 일주일에 한 번은 전화를 하든지 메일을 보내라고 했어요.

2) '무엇, 어디, 누구, 언제, 어떻게' 등과 같은 의문사와 함께 쓰여서 어떠한 경우도 상관이 없을 때 사용한다.

수빈 씨는 누구를 만나든지 항상 밝게 웃으며 인사해요.

성민이는 무엇을 만들어 주든지 맛있게 먹어서 만든 사람이 기분이 좋아요.

3) '−든지 −든지'의 형태로 쓰여 어느 것을 선택해도 상관없음을 말할 때 사용한다.

 : 주로 서로 대립되는 말을 쓴다.

그 모임에 가든지 말든지 네 마음대로 해.

비가 오든지 눈이 오든지 문화체험은 갈 거예요.

<table>
<tr><td>4. 연습</td><td>

※ 다음 대화를 '- 든지'를 사용하여 완성하십시오.

1) 가 : 이번 주말에 뭐해요?

   나 : 시간이 있으면 ________________________________ (등산 / 자전거)

2) 가 : 어떤 남자를 만나고 싶어요?

   나 : 돈이 ________ 나와 잘 맞는 사람을 만나고 싶어요. (많다 / 적다)

3) 가 : 이번 계약은 아주 중요한 겁니다. 꼭 성공해야 합니다.

   나 : 네. ________________________________ (어떻게 하다)

4) 가 : 입학원서를 어떻게 제출해야 하나요?

   나 : ________________________________ (이메일 / 우편)

5) 가 : 가방을 살까? 구두를 살까? 옷을 살까? 뭘 사지?

   나 : 아직도 고민 중이야? ________________________ (사다 / 말다)

</td></tr>
</table>

마저

| 1. 의미 | 명사와 함께 쓰여 더해지거나 마지막 남은 하나를 나타낸다. |

2. 형태

받침 O	마저	부모님마저 날 믿지 못 하시다니…….
받침 X	마저	너마저 대학에 떨어지다니 마음이 아프구나.

3. 용법

1) 앞의 상황에 또 다른 상황이 더해질 때 사용한다.

날씨가 더운데다가 선풍기마저 고장이 났어요.

건강이 나빠졌을 뿐만 아니라 사업마저 어려워졌어요.

2) 마지막 남은 하나를 말할 때 사용한다.

막내마저 결혼을 시켰더니 많이 허전하네요.

돈이라고는 1000원밖에 없었는데 그 돈마저 잃어버렸어요.

4. 연습

※ 다음 그림을 보고 '마저'를 사용하여 문장을 만드십시오.

1) ___________________________

____

2) _______________________________

____

3) _______________________________

____

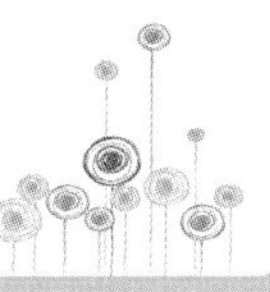

4) _______________________________

____

조금 더 알아볼까요?

'마저'는 부정적인 상황에서만 사용한답니다.

민수는 노래도 잘하고 춤도 잘 추는데 운동마저 잘해요.(X)
민수는 노래도 못하고 춤도 못 추는데 운동마저 못해요.(O)

만큼

1. 의미	명사와 함께 쓰여 정도가 비슷함을 나타낸다.	

2. 형태

받침 O	만큼	제 남자친구는 장동건만큼 잘생겼어요.
받침 X	만큼	내가 엄마만큼 요리를 잘할 수 있을까요?

3. 용법

1) 정도가 비슷할 때 사용한다.

　우리 집 거실은 운동장만큼 커요.

　우리 고향만큼 아름다운 곳도 없을 거예요.

4. 연습

※ 다음 그림을 보고 '만큼'를 사용하여 문장을 만드십시오.

1) _______________________________

____

2) _______________________________

____

3) ____________________________

____

4) ____________________________

____

뿐이다

1. 의미

명사와 함께 쓰여 그 명사만 있음을 나타낸다.

2. 형태

받침 O	뿐이다	주머니에 있는 거라고는 휴대폰뿐입니다.
받침 X	뿐이다	나한테 친구는 너뿐이야.

3. 용법

1) 앞에 오는 명사만 있을 때 사용한다.

내가 할 수 있는 외국어는 프랑스어뿐입니다.

동생이 만들 줄 아는 요리는 김치찌개뿐이에요.

4. 연습

※ 다음 보기에서 가장 알맞은 단어를 골라 문장을 완성하십시오.

> 말   빵 한 조각   중국   부모님   한 문제

1) 오늘 온종일 먹은 거라고는 ____________뿐이다.

2) 내가 지금 의지할 사람은 ___________뿐입니다.

3) 그 사람은 항상 __________뿐이지 약속을 지킨 적이 없어요.

4) 고등학교 수학 문제를 봤는데 아는 문제가 ____________뿐이었다.

5) 제가 가 본 곳은 _________뿐이라 더 많은 곳을 여행해 보고 싶어요.

스럽다

1. 의미

문장에서 일부 명사 뒤에 붙어 그러한 느낌이나 성질이 있음을 나타낸다.

2. 형태

받침 O	스럽다	우리 딸은 정말 사랑스러워요.
받침 X	스럽다	그런 일을 하다니 바보스러운 행동이었어요.

3. 용법

1) 그러한 느낌이 있을 때 사용한다.

나는 이 학교에 다니는 것이 자랑스럽다.

우리 선생님은 보기와는 달리 여성스러운 분이세요.

4. 연습

※ 다음 보기에서 가장 알맞은 단어를 골라 ' - 스럽다'와 연결하여 문장을
완성하십시오.

어른	복	촌	창피	변덕

1) 제 동생은 얼굴이 동그랗게 생겨서 ________ 생겼다는 말을 많이 들어요.

2) 오늘 입고 온 긴 치마는 너무 유행이 지나서 _______________

3) 요즘 날씨는 _________ 비가 오다 안 오다 해요.

4) 우리 오빠는 수업 시간에 ________ 간단한 질문에 대답도 못 했대요.

5) 초등학교에 다니는 제 딸은 __________ 말을 잘해요.

명사는 아니지만 '스럽다'와 붙어 사용할 수 있는 것들이 있습니다.
예를 들면 **갑작스럽다, 새삼스럽다, 좀스럽다, 시원스럽다** 등이 있습니다.

−아/어 놓다

1. 의미

동사와 함께 쓰여 동작이 끝난 상태의 지속을 나타낸다.

2. 형태

−아 놓다	모음 'ㅏ, ㅗ' 뒤	너무 추워서 문을 닫아 놓았어요.
−어 놓다	모음 'ㅓ, ㅜ, ㅡ, ㅣ' 뒤	이곳에 이름과 주소를 써 놓으세요.
−해 놓다	'−하다' 뒤	숙제를 해 놓고 친구를 만날래요.

3. 용법

1) 동작이 끝난 상태가 유지될 때 사용한다.

손님이 오시기 전에 서둘러서 청소를 해 놓아야겠어요.
식탁 위에 도시락을 싸 놓았으니까 잊지 말고 가져가라.

4. 연습

※ 다음 대화를 '−아/어 놓다'를 사용하여 완성하십시오.

1) 가 : 엄마, 제 양말 어디에 있어요?

   나 : 두 번째 서랍에 ＿＿＿＿＿＿ 찾아 신어라.

2) 가 : 환기를 시키고 싶은데 창문을 ＿＿＿＿＿＿＿＿＿

   나 : 네. 그렇게 하세요.

3) 가 : 내일 수업시간에 발표할 준비는 다 했어요?

   나 : 그럼요. 벌써 다 ＿＿＿＿＿＿ 걱정하지 마세요.

4) 가 : 방금 안내방송에서 뭐라고 했니?

　　나 : 물이 안 나온다고 내일 쓸 물을 ____________________

5) 가 : 이번 방학에 여행을 간다더니 돈은 다 ____________________

　　나 : 물론이지. 3개월 동안 아르바이트를 열심히 해서 다 모았지.

A : '숙제해 놓다'와 '숙제해 두다'는 다른 건가요?
Q : '－아/어 놓다'와 '－아/어 두다'는 같은 의미로 사용할 수 있습니다. 하지만
　　주로 상태 지속의 시간이 더 긴 경우에는 '－아/어 두다'를 사용합니다.

─아/어 버리다

1. 의미

동사와 함께 쓰여 동작이 완전히 끝남을 나타낸다.

2. 형태

─아 버리다	모음 'ㅏ, ㅗ' 뒤	모두 나가 버리고 저만 남았어요.
─어 버리다	모음 'ㅓ, ㅜ, ㅡ, ㅣ' 뒤	언니가 제 것까지 다 먹어 버렸어요.
─해 버리다	'─하다' 뒤	막차가 이미 출발해 버렸어요.

3. 용법

1) 동작이 완전히 끝났을 때 사용한다.

: 말하는 사람의 시원함, 섭섭함과 같은 느낌을 표현한다.

밀린 일을 다 해 버렸더니 기분이 좋아졌어요.

졸업을 하고 친구들이 다른 도시로 떠나 버려서 슬퍼요.

4. 연습

※ 다음 대화를 '─아/어 버리다'를 사용하여 완성하십시오.

1) 가 : 어제 본 영화는 어땠어?

　　나 : 너무 슬퍼서 참다가 결국에는 ＿＿＿＿＿＿＿＿＿＿＿＿

2) 가 : 내가 마시던 콜라는 어디 있지?

　　나 : 그게 네 콜라였어? 목이 말라서 내가 다 ＿＿＿＿＿＿＿＿＿＿

3) 가 : 어제 생일 파티에 못 가서 미안해요.

　　나 : 내 생일을 ＿＿＿＿＿＿＿＿＿ 뭐가 그렇게 바빴어요?

4) 가 : 지하철에서 ___________________ 가방은 찾았어요?

　　나 : 아니요. 아직 못 찾았어요.

5) 가 : 말도 없이 그렇게 ___________________ 어떡해요?

　　나 : 미안해요. 갑자기 급한 일이 생겨서 그랬어요.

─아/어 보니(까)

1. 의미

주로 동사와 함께 쓰여 경험을 통해 알게 된 결과를 나타낸다.

2. 형태

─아 보니까	모음 'ㅏ, ㅗ' 뒤	외국에서 살아 보니까 고국이 그립더군요.
─어 보니까	모음 'ㅓ, ㅜ, ㅡ, ㅣ' 뒤	김치를 먹어 보니까 먹을 만하더라고요.
─해 보니까	'─하다' 뒤	지금 생각해 보니 네 말이 맞는 거 같아.

3. 용법

1) 말하는 사람이 경험을 통해 알게 된 것을 말할 때 사용한다.

이 기계를 써 보니까 정말 편리한 기능이 많네요.

그 사람을 사귀어 보니 생각보다 성격이 좋더군요.

4. 연습

※ 다음 문장을 완성하십시오.

1) _____________________ 연애할 때가 더 좋은 것 같아요.

2) _____________________ 방이 너무 커서 청소하기가 힘들어요.

3) 이 선글라스를 써 보니 _____________________________

4) 혼자 살아 보니까 _____________________________

5) 한국에 와 보니 _____________________________

-아/어 봤자

1. 의미

동사나 형용사와 함께 쓰여 앞 문장의 동작이나 상태가 뒤 문장에 영향을 주지 않음을 나타낸다.

2. 형태

-아 봤자	모음 'ㅏ, ㅗ' 뒤	지금 가 봤자 파티는 끝났을 거예요.
-어 봤자	모음 'ㅓ, ㅜ, ㅡ, ㅣ' 뒤	아이가 돈을 써 봤자 얼마나 쓰겠어요?
-해 봤자	'-하다' 뒤	공부해 봤자 또 꼴찌일 게 뻔해요.

3. 용법

1) 동작이나 상태가 소용이 없을 때 사용한다.

네가 뛰어 봤자 부처님 손바닥 안이야.

그 사람은 아무리 말해 봤자 제 말은 듣지를 않아요.

2) 가치를 낮추어 말할 때 사용한다.
  : 주로 '얼마나'와 함께 사용한다.

5살짜리 꼬마가 먹어 봤자 얼마나 먹겠어요?

철수 씨 여자친구가 예뻐 봤자 저보다 예쁘겠어요?

4. 연습

※ 다음 대화를 '-아/어 봤자'를 사용하여 완성하십시오.

1) 가 : 한국의 겨울이 많이 춥다고 하던데 저는 추위를 많이 타서 걱정이에요.

   나 : _______________________________

2) 가 : 요즘 철수가 매우 비싼 차를 샀다고 자랑이에요.

   나 : _______________________________

3) 가 : 한국에 온 지 3달밖에 안 됐는데 뉴스를 듣는다면서요?

   나 : ____

4) 가 : 약속 시간이 얼마 안 남았는데 택시라도 탈까요?

   나 : ____

5) 가 : 성형수술을 하면 예뻐질까요?

   나 : ____

−아/어 오다/가다

1. 의미

동사나 형용사와 함께 쓰여 진행을 나타낸다.

2. 형태

−아 오다/가다	모음 'ㅏ, ㅗ' 뒤	수업이 다 끝나 갑니다.
−어 오다/가다	모음 'ㅓ, ㅜ, ㅡ, ㅣ' 뒤	그 회사는 지금까지 자동차만 만들어 왔습니다.
−해 오다/가다	'−하다' 뒤	5년 동안 경제에 대해 공부를 해 왔지만 아직도 모르는 것이 많아요.

3. 용법

1) −아/어 오다

① 과거부터 현재까지 진행될 때 사용한다.

지금까지 10년 동안 한국어를 가르쳐 왔습니다.

오랫동안 그 사람을 알아 왔지만 저렇게 화를 내는 것은 처음 본다.

② 어떤 시간이 가까워질 때 사용한다.

결혼 날짜가 가까워 오니까 걱정이 많아져요.

개학이 다가 오면 아이들은 밀린 방학 숙제하느라 바빠요.

2) −아/어 가다 : 계속 진행될 때 사용한다.

저녁이 다 되어 가니 조금만 기다리세요.

오래 같이 살다 보니 외모뿐 아니라 성격까지 닮아 가는 것 같아요.

| 4. 연습 | ※ 다음 대화를 '-아/어 가다/오다'를 사용하여 완성하십시오.

1) 가 : 운동한 지 오래 됐어요?

  나 : 그럼요. 5년 전부터 ______________________________

2) 가 : 숙제 다 했니?

  나 : 네. 거의 ______________________________

3) 가 : 수능이 이제 한 달 남았죠?

  나 : 네. ______________________________

4) 가 : 지금 몇 시예요?

  나 : 어? 벌써 5시 50분이에요. 퇴근 시간이 ______________

5) 가 : 남자친구랑 몇 년 동안 만났어요?

  나 : ______________________________

─아/어다(가)

1. 의미

동사와 함께 쓰여 앞에서 한 동작의 결과물을 가지고 뒤의 동작을 함을 나타낸다.

2. 형태

─아다가	모음 'ㅏ, ㅗ' 뒤	꽃을 사다가 주세요.
─어다가	모음 'ㅓ, ㅜ, ㅡ, ㅣ' 뒤	케이크를 만들어다 선생님께 드리려고요.
─해다가	'─하다' 뒤	숙제를 해다가 내일까지 제출하세요.

3. 용법

1) 앞에서 한 동작의 결과물을 가지고 뒤의 동작을 할 때 사용한다.

   냉장고에 과일이 있으니까 씻어다 먹어요.

   친구에게 한국가요 CD를 빌려다가 들었어요.

4. 연습

※ 다음 그림을 보고 '─아/어다(가)'를 사용하여 문장을 만드십시오.

1) ____

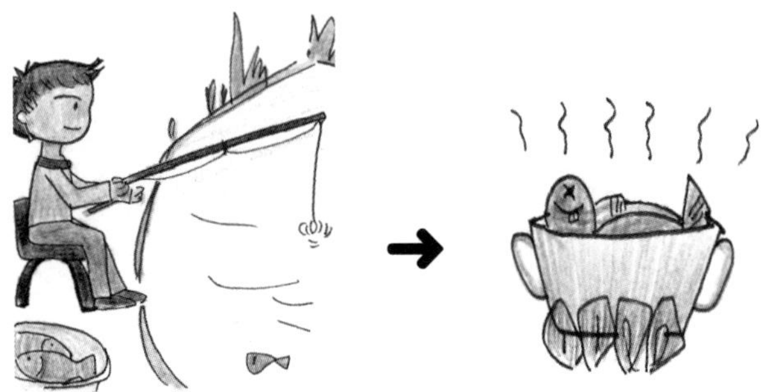

2) ____

3) ____

4) ____

두 가지 동작이 순서대로 일어나는 경우에는 '-아/어서'와 바꿔 쓸 수 있어요.
하지만 차이가 조금 있답니다.
'-아/어다가'는 앞 문장과 뒤 문장이 일어나는 장소가 서로 다르지만 '-아/어
서'는 장소의 제약이 없어요.

빵집에서 빵을 <u>사다가</u> (집에서) 먹었어요.
　→ 동작의 장소가 달라요.
빵집에서 빵을 <u>사서</u> (집에서/ 빵집에서) 먹었어요.
　→ 동작의 장소가 같거나 다를 수 있어요.

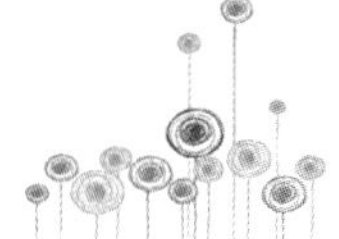

−아/어 대다

1. 의미

동사와 함께 쓰여 어떤 행동이 반복됨을 나타낸다.

2. 형태

−아 대다	모음 'ㅏ, ㅗ' 뒤	돈도 없으면서 계속 신발만 사 대고 있어요.
−어 대다	모음 'ㅓ, ㅜ, ㅡ, ㅣ' 뒤	그렇게 먹어 대니까 살이 안 빠지죠.
−해 대다	'−하다' 뒤	밤낮으로 전화를 해 대서 귀찮아 죽겠어요.

3. 용법

1) 어떤 행동을 지나치게 반복할 때 사용한다.
   : 주로 부정적인 의미를 가지고 있다.

   동생이 장난감을 사 달라고 졸라 대서 엄마한테 혼났어요.
   공부도 안 하고 계속 놀아 대다가는 시험에 떨어지고 말 거야.

4. 연습

※ 여러분은 어떤 나쁜 버릇이 있습니까? 3가지를 쓰십시오.

1) 저는 스트레스를 받으면 술을 마셔 대요. ______________

2) ______________

3) ______________

4) ______________

※ 어떤 상황에서 기분이 좋지 않습니까?

1) 밤에 공부하는데 옆집 아이가 울어 대면 화가 납니다.

2) ____

3) ____

4) ____

—아/어야

1. 의미	동사나 형용사와 함께 쓰여 앞 문장이 뒤 문장의 필연적 조건이 된다.	

2. 형태

—아야	모음 'ㅏ, ㅗ' 뒤	남자를 만나야 결혼을 하지요.
—어야	모음 'ㅓ, ㅜ, ㅡ, ㅣ' 뒤	아무리 울어 봐야 소용이 없어요.
—해야	'—하다' 뒤	여권을 준비해야 외국에 갈 수 있어요.

3. 용법

1) 필연적 조건을 말할 때 사용한다.

: '—아/어야지'의 형태로 쓰이기도 한다.

사람은 누구나 밥을 먹어야(지) 살 수 있는 거예요.

이 문제는 선생님 설명을 들어 봐야 이해할 수 있을 것 같아요.

2) 가정을 해도 아무 소용이 없음을 말할 때 사용한다.

: 주로 '아무리'와 함께 쓰이며 뒤 문장은 부정적인 내용이 온다.

영희가 아무리 공부를 잘 해야 나보다 잘 하겠어요?

식당 음식이 아무리 맛있어 봐야 엄마가 해 주신 것만 못해요.

4. 연습

※ 다음 대화를 '—아/어야'를 사용하여 완성하십시오.

1) 가 : 몇 호선을 타야 고속버스터미널에 갈 수 있어요?

　　나 : 3호선을 ________________________________

2) 가 : 내일 놀이공원에 가는 거죠?

　　나 : 날씨가 ________________________________

3) 가 : 어떻게 해야 세뱃돈을 받을 수 있나요?

　　나 : 설날에 어른들께 ____________________________________

4) 가 : 그렇게까지 이야기했는데 이제는 열심히 공부하겠지?

　　나 : 글쎄, 아무리 ____________________________________

5) 가 : 아빠를 계속 조르면 유럽여행을 보내 주실까?

　　나 : 아무리 ____________________________________

―아/어지다

1. 의미

동사에 붙어 어떤 동작을 하게 됨을 나타낸다.

2. 형태

―아지다	모음 'ㅏ, ㅗ' 뒤	넘어져서 물이 쏟아졌어요.
―어지다	모음 'ㅓ, ㅜ, ㅡ, ㅣ' 뒤	유리창이 갑자기 깨져서 놀랐어요.

3. 용법

1) 어떤 동작을 하게 될 때 사용한다.
   : 피동의 뜻으로 사용한다.

   이 볼펜은 글씨가 잘 써져서 참 좋아요.
   운동화 끈이 잘 안 풀어지는데 좀 도와주세요.

4. 연습

※ 다음 문장을 보기처럼 '―아/어지다'를 사용해서 바꿔 보십시오.

> 빵을 맛있게 만들었어요.   →   빵이 맛있게 만들어졌어요.

1) 이번 학기는 초급을 3반으로 나누었어요.

   → ________________________________

2) 수민이가 결혼한다는 좋은 소식을 기다려요.

   → ________________________________

3) 파도가 모래성을 부수었어요.

   → ________________________________

4) 그 사람의 사랑을 느낍니다.

　　→ ____

5) 아침마다 알람 소리에 잠을 깨요.

　　→ ____

−아/어하다

−아하다	모음 'ㅏ, ㅗ' 뒤	언니는 고양이를 좋아해요.
−어하다	모음 'ㅓ, ㅜ, ㅡ, ㅣ' 뒤	할아버지는 손녀를 예뻐하세요.
−해하다	'−하다' 뒤	오늘따라 더 피곤해하는 것 같아요.

1. 의미

일부 형용사와 함께 쓰여 동사가 된다.

2. 형태

3. 용법

1) 말하는 사람의 심리나 느낌을 말할 때 사용한다.

그렇게 슬퍼하지 말고 깨끗하게 잊고 다시 시작해.

유학생활이 힘든지 에리꼬 씨는 부모님을 보고 싶어하네요.

4. 연습

※ 다음 보기에서 가장 알맞은 단어를 골라 문장을 완성하십시오.

> 춥다　　추워하다　　미안하다　　미안해하다　　무섭다　　무서워하다
> 행복하다　　행복해하다　　재미없다　　재미없어하다

1) ① 밤에 집에 혼자 있으면 ______________________

　② 학생들이 오 선생님을 ______________________

2) ① 날씨가 ______________ 나가기가 싫어요.

　② 여자친구가 ______________ 제 옷을 벗어 줬어요.

3) ① 영화가 너무 ______________ 보다가 중간에 나왔어요.

　② 교실에서만 하는 수업은 학생들이 __________ 가끔 야외수업을

　　하는 것도 좋아요.

4) ① 이번 생일에 선물을 많이 받아서 _______________________

 ② 결혼한 언니가 _______________ 것을 보니 저도 빨리 결혼하고
 싶어졌어요.

5) ① 많이 기다렸죠? 늦어서 _____________________________

 ② 지난번 실수를 너무 _______________ 마세요. 괜찮아요.

아무

1. 의미

여럿 중에서 하나를 정하지 않은 것을 말한다.

2. 형태

사람	사물	장소	시간
아무 N(이)나/ 아무나	아무 N(이)나/ 아무거나	아무 N(이)나/ 아무데나	아무 시간이나
아무도	아무것도	아무데도	아무 때나

3. 용법

1) 정해지지 않은 것을 말할 때 사용한다.

- 아무나/아무거나/아무데나/아무 때나 : 뒤 문장에 주로 긍정문이 온다.
- 아무도/아무것도/아무데도　　　　 : 뒤 문장에 주로 부정문이 온다.

아무 색깔이나 괜찮으니까 아무거나 주세요.
방학동안 아무데도 안 가고 집에만 있었어요.
선착순으로 모집하는 거니까 아무나 빨리 신청하세요.

4. 연습

※ 다음 보기에서 알맞은 단어를 골라 문장을 완성하십시오.

> 아무나　　아무거나　　아무데나　　아무 때나　　아무도　　아무것도　　아무데도

1) 하루 종일 __________ 못 먹었더니 배고파 죽겠어요.

2) 서류는 17일 전까지 __________ 오셔서 내시면 돼요.

3) 교실에 왔는데 ___________ 없어서 선생님께서 화가 나셨어요.

4) 주말인데 집에만 있지 말고 ___________ 가서 기분 전환 좀 합시다.

5) 오늘까지 일을 끝내야 하는데 시간이 없네요. ________ 저 좀 도와주세요.

조금 더 알아볼까요?

'아무 N(이)나'가 부정문과 같이 쓰이는 경우도 있는데 이때에는 특정한 무언가를 말해요.

이곳은 <u>아무나</u> 들어오는 곳이 <u>아닙니다</u>.
→ '정해진 들어올 수 있음'을 의미해요.
<u>아무 때나</u> 전화하지 <u>마세요</u>.
→ '정해진 시간에만 전화해야 함'을 의미해요.

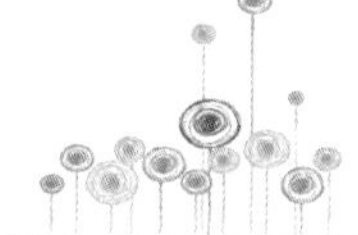

−았/었다가

−았다가	모음 ' ㅏ, ㅗ' 뒤	시내에 나갔다가 길이 막혀서 무척 고생했어요.
−었다가	모음 'ㅓ, ㅜ, ㅡ, ㅣ' 뒤	모자를 썼다가 벗었더니 머리가 엉망이에요.
−했다가	'−하다' 뒤	비가 온다고 해서 약속했다가 취소했어요.

1. 의미

동사나 형용사와 함께 쓰여 동작이나 상태가 바뀜을 나타낸다.

2. 형태

3. 용법

1) 앞 동작이나 상태가 완료된 후에 다른 동작이나 상태로 바뀔 때 사용한다.

날씨가 좋았다가 나빠졌어요.

침대에 누웠다가 노크 소리에 일어났습니다.

2) 이유를 말할 때 사용한다.

반지를 책상 위에 두었다가 잃어버렸어요.

친구가 해 준 음식을 먹었다가 배탈이 나서 혼났어요.

4. 연습

※ 다음 그림을 보고 '−았/었다가'를 사용하여 문장을 만드십시오.

1) ____

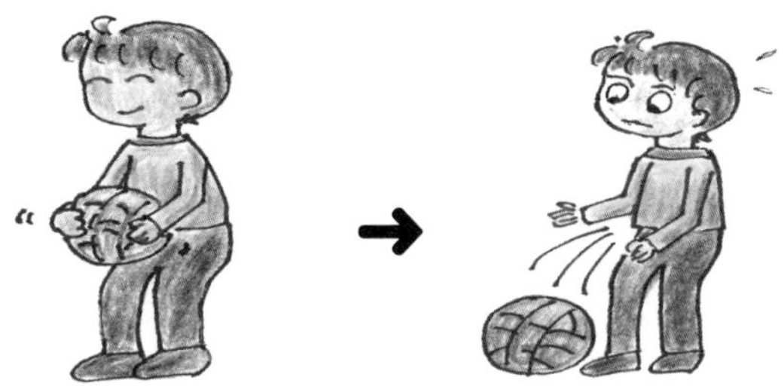

2) _______________________________________

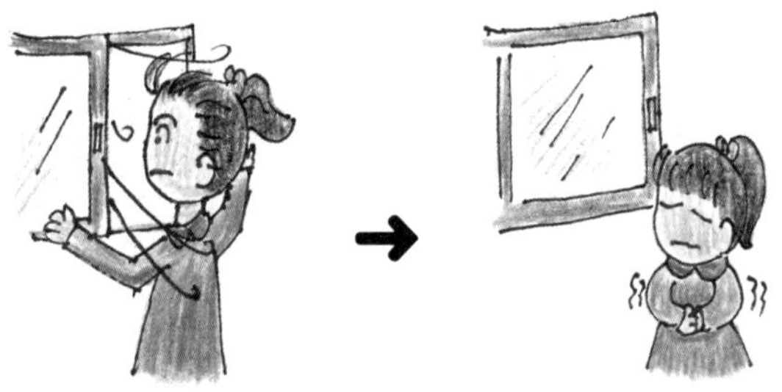

3) _______________________________________

4) _______________________________________

−았/었더니

<table>
<tr><td>1. 의미</td><td colspan="3">동사 뒤에 붙어 과거의 어떤 동작이 끝난 후 다른 사실이 있음을 나타낸다.</td></tr>
</table>

1. 의미

동사 뒤에 붙어 과거의 어떤 동작이 끝난 후 다른 사실이 있음을 나타낸다.

2. 형태

−았더니	모음 'ㅏ, ㅗ' 뒤	집에 갔더니 엄마가 안 계셨어요.
−었더니	모음 'ㅓ, ㅜ, ㅡ, ㅣ' 뒤	약을 먹었더니 열이 좀 떨어지는 것 같아요.
−했더니	'−하다' 뒤	오랜만에 청소를 했더니 기분이 상쾌하네요.

3. 용법

1) 과거의 사실에 뒤이어 새로운 사실이 있을 때 사용한다.

친구 컴퓨터를 켰더니 바탕화면에 가족사진이 있었어요.

11시가 넘었는데도 학교에 안 와서 전화를 해 봤더니 아직 자고 있더라고요.

2) 앞 문장이 뒤 문장의 원인·이유가 될 때 사용한다.

영화를 5시간이나 봤더니 눈이 아파요.

아들에게 자전거를 사 주었더니 딸 아이가 자기도 사 달라며 샘을 냈다.

4. 연습

※ 다음을 연결하고 '−았/었더니'를 사용하여 한 문장으로 만드십시오.

1) 미니스커트를 입다 •	• 교실 문이 닫히다
2) 술을 마시다 •	• 속이 쓰리다
3) 매일 야식을 먹다 •	• 춥다
4) 방학에 학교에 가다 •	• 어렵다
5) 한국 요리를 해 보다 •	• 5kg이 찌다

(1) <u>미니스커트를 입었더니 춥더라고요.</u>

(2) ______________________________

(3) ______________________________

(4) ______________________________

(5) ______________________________

─았/었더라면

<table>
<tr><td rowspan="2">1. 의미</td><td colspan="3">동사와 형용사 뒤에 붙어 과거의 일을 생각하며 반대로 가정한다.</td></tr>
</table>

1. 의미

동사와 형용사 뒤에 붙어 과거의 일을 생각하며 반대로 가정한다.

2. 형태

─았더라면	모음 'ㅏ, ㅗ' 뒤	그 사람을 만났더라면 좋았을 텐데…….
─었더라면	모음 'ㅓ, ㅜ, ㅡ, ㅣ' 뒤	그 책을 읽었더라면 시험을 잘 볼 수 있었을 거예요.
─했더라면	'─하다' 뒤	운동을 안 했더라면 이만큼 건강하지 못했을 거야.

3. 용법

1) 과거의 일을 생각하며 후회나 안타까움을 말할 때 사용한다.

   시간이 많았더라면 같이 갈 수 있었을 텐데 아쉽네요.
   처음부터 부모님 말씀을 들었더라면 이렇게 힘들지는 않았을 거야.

2) 과거의 일을 생각하며 다행스러움을 말할 때 사용한다.

   생일에 친구들이 오지 않았더라면 아주 쓸쓸할 뻔했어요.
   네가 선생님께 그 말을 했더라면 아주 많이 혼났을 거야.

4. 연습

※ 다음 문장을 완성하십시오.

1) 한국에 ______________ 한국문화에 대해 아무것도 몰랐을 거예요.

2) ______________________ 모임에 지각했을 거예요.

3) 그 종업원이 친절하지 않았더라면 ______________________

4) 오늘 학교에 갔더라면 ______________________

5) 내가 키가 조금만 더 컸더라면 ______________________

−았/었던

1. 의미

동사나 형용사와 함께 쓰여 동작이나 상태가 완료되거나 중단됨을 나타낸다.

2. 형태

−았던	모음 'ㅏ, ㅗ' 뒤	작년에 친구와 갔던 산이 정말 예뻤어요.
−었던	모음 'ㅓ, ㅜ, ㅡ, ㅣ' 뒤	그 때 들었던 노래 제목이 뭐지요?
−했던	'−하다' 뒤	뚱뚱했던 그녀가 갑자기 날씬해져서 모두 놀랐다.

3. 용법

1) 과거에 완료되거나 중단된 일울 할 때 사용한다.

어렸을 때 똑똑했던 아이가 대학도 겨우 갔어요.

제가 앉았던 자리가 비어 있으니까 거기 가서 앉으세요.

4. 연습

※ 다음 글을 '−았/었던'을 사용하여 완성하십시오.

저는 여행을 좋아합니다. 처음으로 1) <u>갔던</u> 곳은 프랑스였는데 에펠 탑에서 2)__________ 파리의 야경은 아직도 잊을 수가 없습니다. 두 번째로 간 곳은 터키였습니다. 그 곳에서 처음 3)__________ 음식은 케밥이었는데 한국에서 파는 케밥과는 맛이 조금 달랐습니다. 세 번째로 간 일본에서 4)____________ 친구는 아직도 계속 연락을 하고 있습니다. 여행을 하면서 5)______________ 것은 여러 나라의 문화와 많은 사람들을 알 수 있다는 것이고, 6)____________ 것은 집에 대한 그리움이었습니다.

Q : '먹은 사과, 먹던 사과, 먹었던 사과'는 어떻게 다른가요?

A : '먹은 사과'는 과거에 이미 끝난 사실을 이야기하는 것이고, '먹던 사과'는 완료
되지 않은 사실을 이야기하는 것입니다. 그리고 '먹었던 사과'는 과거에 이미
완료된 사실을 회상하면서 이야기하는 것입니다.

먹은 사과

먹던 사과

먹었던 사과

에다(가)

1. 의미

명사와 함께 쓰여 그 명사에 다른 것이 더해짐을 나타낸다.

2. 형태

받침 O	에다(가)	아침마다 국에다가 밥을 말아 먹어요.
받침 X	에다(가)	커피에다 설탕을 넣지 마세요.

3. 용법

1) 명사에 다른 것이 더해질 때 사용한다.

오늘 추워서 내복에다가 스웨터까지 입었어요.
넌센스 퀴즈입니다. 2에다가 2를 더하면 뭘까요?

2) 어떤 행위의 영향을 받는 대상을 강조할 때 사용한다.

지갑을 꼭 가방에다가 넣어 두세요.
이번 시험 결과를 학교에다 보고했습니다.

3) 어떤 행위나 상태의 도구, 수단을 말할 때 사용한다.

전자레인지에다가 계란찜을 했더니 편리했어요.
돼지고기는 센 불에다 완전히 익혀 먹어야 한다.

4) 둘 이상의 사물을 나열할 때 사용한다.

저는 점심에 김밥에다가 떡볶이에다가 순대를 먹었어요.
요즘 아이들은 학교에다가 학원에다가 과외까지 하느라고 바빠요.

※ 다음 그림을 보고 '에다가'를 사용하여 문장을 만드십시오.

1) ____________________

2) ____________________

3) ____________________

4) ____________________

5) ____________________

6) ____________________

1. 의미

명사와 함께 쓰여 어떤 사실의 근거를 나타낸다.

2. 형태

받침 O	에 의하면	소문에 의하면 다음 주에 소풍을 간대요.
받침 X	에 의하면	일기예보에 의하면 찜통 더위가 계속된대요.

3. 용법

1) 근거를 말할 때 사용한다.

보고서에 의하면 올해 우리나라 경제가 점점 좋아질 거래요.

영국 속담에 의하면 너무 고르는 자가 가장 나쁜 것을 갖는다고 해요.

4. 연습

※ 다음 보기처럼 '에 의하면'을 사용하여 문장을 만드십시오.

> 선생님 : 다음 주 금요일에 기말고사를 봐요.
> → <u>선생님 말씀에 의하면 다음 주 금요일에 기말고사를 본대요.</u>

1)
> [문화 뉴스] 조선 전기 여성 미라 발굴
> 경기도의 한 공사 현장에서 1500년대 중반으로 추정되는 조선시대 여성 미라가 발굴됐다.

→ ____

2) | [안내문] 5월 27일에 문화체험이 있습니다.
희망자는 25일까지 신청하여 주시기 바랍니다.

→ ____

3) | [스포츠 신문] 프로 야구 시즌 개막
지난 주말 프로 야구 시즌이 시작되면서 야구팬들의 즐거운 고민이 시작되었습니다.

→ ____

4) | 기상 예보관 : 오늘의 날씨를 말씀 드리겠습니다.
오늘 중부 지방은 맑은 날씨가 예상됩니다.
최저 기온은 9℃, 최고 기온은 23℃가 되겠습니다.

→ ____

5) | [여론 조사]
조사 결과 남성이 여성을 볼 때 가장 먼저 보는 것은 얼굴이라고 나타났습니다.

→ ____

−(으)ㄴ 채(로)

1. 의미

동사와 함께 쓰여 동작의 상태가 변하지 않음을 나타낸다.

2. 형태

받침 O	−은 채로	창문을 열어 놓은 채로 잤더니 감기에 걸렸어요.
받침 X	−ㄴ 채로	가스 불을 켠 채로 집에서 나올 뻔했어요.

3. 용법

1) 동작의 상태가 변하지 않고 그대로 있을 때 사용한다.

아이들은 종종 선 채로 잠이 들곤 해요.

한국에서는 신발을 신은 채 집에 들어가면 안 됩니다.

4. 연습

※ 다음 그림을 보고 '−(으)ㄴ 채(로)'를 사용하여 문장을 만드십시오.

1) ________________________________

2) ________________________________

3) ________________________________

4) ________________________________

−(으)ㄴ/는 김에

1. 의미

동사와 함께 쓰여 어떤 동작을 더불어 같이 한다.

2. 형태

과거	받침 O	−은 김에	마음을 먹은 김에 하기로 했어요.
	받침 X	−ㄴ 김에	여기까지 온 김에 옷이나 살까요?
현재	받침 O	−는 김에	책상 닦는 김에 방 청소도 좀 해라.
	받침 X		도서관에 가는 김에 책 좀 빌려다 줘.

3. 용법

1) 앞 동작을 하는 기회에 뒤 동작을 같이 할 때 사용한다.

'떡 본 김에 제사 지낸다.'라는 말이 있지요.

머리를 감는 김에 목욕까지 했어요.

4. 연습

※ 다음 대화를 '−(으)ㄴ/는 김에'를 사용하여 완성하십시오.

1) 가 : 슈퍼에 갈 건데 뭐 부탁할 거 없어요?

　　나 : 그러면 슈퍼에 _______________ 라면 하나만 사다 주세요.

2) 가 : 동생 생일이라더니 선물은 샀어요?

　　나 : 네. 어제 백화점에 _________________________ 샀어요.

3) 가 : 뭐 하세요?

　　나 : 물 좀 끓이려고요.

　　가 : _________________________ 제 커피도 한잔 타 주실래요?

4) 가 : 지난주에 아빠가 사준 책 다 읽었니?

　　나 : 아니요. 지금 읽고 있어요.

　　가 : 그럼, ＿＿＿＿＿＿＿＿＿＿＿＿＿＿ 감상문도 써라.

5) 가 : 언니, 엄마가 세탁소에서 옷 찾아 놓으래.

　　나 : 엄마가 너한테 말한 거니까 ＿＿＿＿＿＿＿＿＿＿＿＿＿＿

−(으)ㄴ/는 대로

1. 의미

그 동작이나 상태와 같음을 나타낸다.

2. 형태

동사	과거	받침 O	−은 대로	그 기사를 읽은 대로 말해 보세요.
		받침 X	−ㄴ 대로	사람은 생긴 대로 살아야 한다고 하죠.
	현재	받침 O / 받침 X	−는 대로	소식을 듣는 대로 나에게도 알려 주세요. 선생님이 발음하는 대로 따라하세요.
형용사		받침 O	−은 대로	여기 음식은 먹고 싶은 대로 먹어도 돼요.
		받침 X	−ㄴ 대로	바쁘면 바쁜 대로 사정이 있을 거예요.

3. 용법

1) 앞 동작이나 상태가 같을 때 사용한다.

생각한 대로 글을 써 보세요.

아이가 옷을 입히는 대로 입지 않으려고 해요.

2) 어떤 일이 일어나는 즉시를 말할 때 사용한다.

퇴근하는 대로 바로 집으로 오세요.

이메일을 받는 대로 참가 여부를 알려 주셔야 해요.

3) 어떤 일이나 상태가 나타날 때마다를 말할 때 사용한다.

시간이 나는 대로 부모님을 찾아뵈려고 합니다.

아이가 해 달라는 대로 다 해 주면 아이 교육에 좋지 않아요.

※ 다음 대화를 '-(으)ㄴ/는 대로'를 사용하여 완성하십시오.

1) 가 : 우리 밥은 언제 먹어요?

   나 : 이 일이 _____________ 먹으러 갑시다.

2) 가 : 지금까지 저금을 하나도 안 했다고요?

   나 : 네. 돈을 _____________ 모두 써 버렸거든요.

3) 가 : 사장님이 무슨 중요한 말을 하시던가요? _________ 말해 보세요.

   나 : 별 말씀 없으셨는데요.

4) 가 : 영희 씨는 돈을 많이 버니까 걱정이 없겠어요.

   나 : 없기는요. 돈도 많으면 _____________ 걱정이 있지요.

5) 가 : 프랑스 식당은 처음인데 어떻게 먹어야 돼요?

   나 : 제가 _____________ 따라서 드시면 돼요.

조금 더 알아볼까요?

'-(으)ㄹ 대로'의 형태로 쓰여 정도가 매우 심함을 나타내기도 해요.
주로 같은 동사나 형용사를 반복해서 써요.

음식이 썩을 대로 썩어서 냄새가 지독해요.
지금 수험생들은 수능 준비로 지칠 대로 지쳐있는 상태입니다.

−(으)ㄴ/는 대신

				아침에 밥을 먹는 대신 빵을 먹어요.

<table>
<tr><td rowspan="2">동사</td><td>받침 O</td><td rowspan="2">−는 대신</td><td>아침에 밥을 먹는 대신 빵을 먹어요.</td></tr>
<tr><td>받침 X</td><td>뮤지컬을 보는 대신 연극을 봤어요.</td></tr>
<tr><td rowspan="2">형용사</td><td>받침 O</td><td>−은 대신</td><td>그 커피숍은 분위기가 좋은 대신 비싸요.</td></tr>
<tr><td>받침 X</td><td>−ㄴ 대신</td><td>그녀는 날씬한 대신 키가 작아요.</td></tr>
</table>

1. 의미

대체하거나 상반됨을 나타낸다.

2. 형태

3. 용법

1) 앞의 행동을 하지 않고 뒤의 행동을 할 때 사용한다.

그는 전화를 하는 대신 메일을 보냈다.

설탕을 넣는 대신 꿀을 넣었더니 맛이 더 좋았어요.

2) 동사와 함께 쓰여 앞의 행동에 대한 보상을 말할 때 사용한다.

내가 늦게 온 대신에 밥 살게.

이번에 내가 도와주는 대신 다음에는 네가 나를 도와줘야 해.

3) 형용사와 함께 쓰여 앞의 상태와 다르거나 상반되는 상태가 있을 때 사용한다.

그 사람은 바쁜 대신에 돈을 많이 벌어요.

이 집은 지하철역에서 먼 대신 값이 싸요.

4. 연습

※ 다음 대화를 '−(으)ㄴ/는 대신'을 사용하여 완성하십시오.

1) 가 : 주말에 축구 잘 했어요?

나 : 아니요. 비가 너무 많이 와서 축구를 __________ 영화를 봤어요.

2) 가 : 지연 씨는 노래를 참 못 부르는 거 같아요.

   나 : 맞아요. 그렇지만 ＿＿＿＿＿＿＿＿＿＿＿＿ 춤을 잘 춰요.

3) 가 : 차 좀 닦아주세요.

   나 : 좋아요. 그럼 ＿＿＿＿＿＿＿＿＿＿ 나한테 뭐 해줄 거예요?

4) 가 : 방이 넓군요.

   나 : 네. 그런데 방이 ＿＿＿＿＿＿＿ 겨울에 난방비가 많이 나와요.

5) 가 : 여자 친구가 정말 예쁘네요.

   나 : 고마워요. 그렇지만 ＿＿＿＿＿＿＿＿ 성격이 조금 예민해요.

조금 더 알아볼까요?

명사일 경우에는 'N 대신에' 형태로 쓰여요.

<u>친구 대신에</u> 내가 숙제를 했어요.
<u>엄마 대신에</u> 언니가 저녁을 했어요.

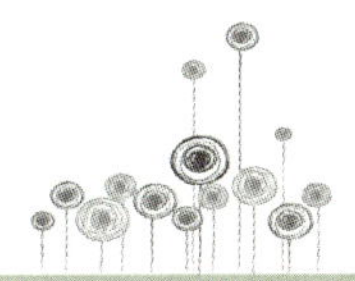

−(으)ㄴ/는/(으)ㄹ 듯하다

1. 의미

추측을 나타낸다.

2. 형태

동사	과거 추측	받침 O	−은 듯하다	이 책은 1년 전에 읽은 듯해요.
		받침 X	−ㄴ 듯하다	친구가 벌써 러시아에 간 듯해요.
	현재 추측	받침 O / 받침 X	−는 듯하다	음악을 듣는 듯해요. 엄마가 저녁을 준비하시는 듯해요.
	미래 추측	받침 O	−을 듯하다	손을 씻을 듯해서 비누를 빌려줬어요.
		받침 X	−ㄹ 듯하다	오늘 연락이 올 듯하니까 기다립시다.
형용사		받침 O	−은 듯하다	오늘 선생님 기분이 좋은 듯합니다.
		받침 X	−ㄴ 듯하다	말하는 걸 보니 똑똑한 듯하네요.
		받침 O	−을 듯하다	내일 가는 게 괜찮을 듯해요.
		받침 X	−ㄹ 듯하다	내일은 바쁠 듯하니 다음에 오세요.
명사		받침 O / 받침 X	−인 듯하다	저 사람은 경찰인 듯해요.

3. 용법

1) 추측을 말할 때 사용한다.

편지를 보니 잘 지내는 듯해서 안심이 됩니다.

기차가 더 빠를 듯한데 기차를 타는 게 어때요?

※ 다음 그림을 보고 '-(으)ㄴ/는/(으)ㄹ 듯하다'를 사용하여 대화를 완성하십시오.

1) 가 : 철수 씨가 왜 기분이 나빠요?

　　나 : _______________________

2) 가 : 영희 씨에게 무슨 일 있어요?

　　나 : _______________________

3) 가 : 저 두 사람이 이야기를 오래 하네요.

　　나 : _______________________

4) 가 : 저 사람 직업이 뭘까요?

　　나 : _______________________

1. 의미

서로 반대됨을 나타낸다.

2. 형태

동사	과거	받침 O	–은 반면에	저는 대상을 받은 반면에 동생은 상을 하나도 받지 못했어요.
		받침 X	–ㄴ 반면에	저는 커피를 마신 반면에 친구는 우유를 마셨어요.
	현재	받침 O / 받침 X	–는 반면에	언니는 잡지를 읽는 반면에 나는 소설을 읽어요. 비행기는 빨리 가는 반면에 비싸요.
형용사	현재	받침 O	–은 반면에	일은 많은 반면에 돈은 많이 받는다.
		받침 X	–ㄴ 반면에	그 식당은 비싼 반면에 서비스가 좋아요.
명사		받침 O / 받침 X	–인 반면에	아빠는 회사원인 반면에 엄마는 사장이에요.

3. 용법

1) 앞 뒤 상황이 상반될 때 사용한다.

이 컴퓨터는 속도는 빠른 반면에 용량이 크지 않아요.

나는 드라마를 좋아하는 반면에 동생은 드라마를 싫어해요.

| 4. 연습 | ※ 다음 표를 보고 '-(으)ㄴ/는 반면에' 사용하여 문장을 완성하십시오. |

		장점	단점
1	유학생활	자유롭다	외롭다
2	김치	몸에 좋다	맵다
3	연애	행복하다	돈이 많이 든다
4	여행	견문을 넓히다	
5	돈		

1) <u>유학생활은 자유로운 반면에 외로워서 힘들어요.</u>

2) ____

3) ____

4) ____

5) ____

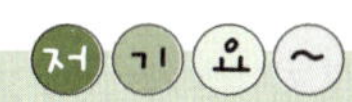

Q : '–(으)ㄴ/는 반면에'와 '–(으)ㄴ/는 데 반해'는 같은 뜻인가요?
A : 모두 반대라는 의미입니다.
　　하지만 주로 다음과 같은 상황에서 구별해 쓸 수 있습니다.
　　예를 들어 설명하겠습니다.

• 그녀는 성격이 좋은 데 반해 친구가 없어요.
→ 성격이 좋으면 친구가 많다는 결과를 기대하는데 실제로는 그렇지 않습니다.
　　이러한 경우에는 '–(으)ㄴ/는 반면에'보다 '–(으)ㄴ/는 데 반해'를 더 많이 씁니다.

• 그녀는 성격이 좋은 반면에 얼굴은 못생겼어요.
→ 성격과 얼굴이라는 서로 다른 것을 대조하여 표현한 것입니다. 이러한 경우에는
　　'–(으)ㄴ/는 데 반해' 보다 '–(으)ㄴ/는 반면에'를 더 많이 씁니다.

−(으)ㄴ/는 셈이다

1. 의미

상황을 따져보면 앞의 상황과 뒤의 상황이 결국 마찬가지이다.

2. 형태

동사	과거	받침 O	−은 셈이다	혼자서 피자 5조각을 먹었으니 내가 다 먹은 셈이에요.
		받침 X	−ㄴ 셈이다	8시간을 잤으니까 많이 잔 셈이에요.
	현재	받침 O / 받침 X	−는 셈이다	평균 1시간에 5쪽을 읽으니 적게 읽는 셈인 거예요. 그 정도면 공부를 많이 하는 셈이죠?
형용사	현재	받침 O	−은 셈이다	한국친구가 5명이면 많은 셈이지요.
		받침 X	−ㄴ 셈이다	30만 원이면 비싼 셈이니 다시 생각해 봐야겠어요.
명사		받침 O / 받침 X	−인 셈이다	부모가 없는 나에게는 형이 나의 부모님인 셈이에요.

3. 용법

1) 헤아려 보니 어떠한 것과 결국 마찬가지일 때 사용한다.

이 직장에 6년째 다니고 있으니 오래 다닌 셈입니다.

하루에 미니홈피 방문자 수가 100명인 걸 보면 우리 오빠는 인기가 있는 셈이죠.

<table><tr><td>4. 연습</td><td>

※ 다음 상황을 읽고 '-(으)ㄴ/는 셈이다'를 사용하여 보기처럼 문장을 만드십시오.

> 점심을 3시에 먹는다. → 점심을 3시에 먹는 것은 점심을 늦게 먹는 셈이다.

1) 일주일에 세 번 쇼핑을 한다.

→ ____

2) 어제 숙제하는데 20분밖에 안 걸렸다.

→ ____

3) 한 달에 3㎏을 뺐다.

→ ____

4) 제주도 여행이 2박 3일에 199,000원이다.

→ ____

5) 시내에 가면 3명 이상의 남자가 나를 따라온다.

→ ____

</td></tr></table>

조금 더 알아볼까요?

'-(으)ㄹ 셈이다'는 동사와 함께 쓰여 앞으로의 계획이나 생각을 의미해요.

너는 취직도 안 하고 평생 이렇게 놀고 먹을 셈이냐?
나는 세계 여행을 할 셈으로 아르바이트를 하며 돈을 모으고 있어요.

−(으)ㄴ/는 척하다

1. 의미

그럴듯하게 꾸밈을 나타낸다.

2. 형태

동사	과거	받침 O	−은 척하다	다이어트를 하느라고 밥을 먹은 척했어요.
		받침 X	−ㄴ 척하다	말하고 싶지 않아서 못 본 척했어요.
	현재	받침 O / 받침 X	−는 척하다	엄마한테 혼날까봐 책을 읽는 척했어요. 학교에 가는 척하며 가방을 들고 나왔어요.
형용사	현재	받침 O	−은 척하다	그는 돈이 많은 척하지만 사실은 아니에요.
		받침 X	−ㄴ 척하다	아픈 척하고 집에 일찍 갔어요.
명사		받침 O / 받침 X	−인 척하다	학생인 척하며 할인을 받았어요.

3. 용법

1) 거짓으로 그럴듯하게 꾸며 행동할 때 사용한다.

싫으면서 겉으로만 좋은 척하는 사람은 별로예요.

잘난 척하는 사람, 아는 척하는 사람, 있는 척하는 사람은 사귀면 안 돼요.

4. 연습

※ 다음 상황을 보고 '−(으)ㄴ/는 척하다'를 사용하여 대답하십시오.

1) 돈이 없는데 여자친구가 자꾸 만나자고 해요. 어떻게 하지요?

→ _______________________________________

2) 나도 모르게 사람이 많은 엘리베이터에서 방귀를 뀌었어요. 어떻게 해요?

→ _______________________________________

3) 수업 시간에 선생님이 어려운 질문을 해요. 어떻게 해요?

  → ____

4) 텔레비전을 보고 있는데 엄마가 심부름을 시켜요. 어떻게 하지요?

  → ____

5) 어떤 사람이 마음에 안 드는데 자꾸 만나자고 해요. 어떻게 할까요?

  → ____

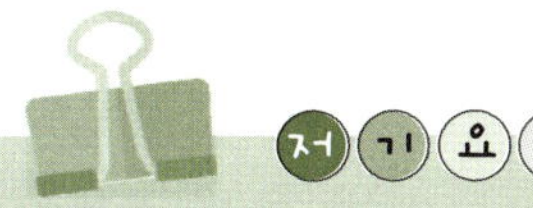

Q : '−(으)ㄴ/는 척하다'와 '−(으)ㄴ/는 체하다'는 무엇이 다른가요?
A : 같은 의미이며 사용법도 같습니다.
   예를 들어 볼까요?

   심하게 <u>예쁜 척하는</u> 사람을 공주병이라고 해요.
   = 심하게 <u>예쁜 체하는</u> 사람을 공주병이라고 해요.

-(으)ㄴ/는 편이다

1. 의미

대체로 어떤 쪽에 속함을 나타낸다.

2. 형태

동사	과거	받침 O	-은 편이다	저는 유학생활 동안 선생님의 도움을 많이 받은 편이에요.
		받침 X	-ㄴ 편이다	다른 친구보다 시험을 잘 본 편이에요.
	현재	받침 O / 받침 X	-는 편이다	철수가 고기를 잘 먹는 편이지요. 제 아들은 늦게 자는 편이에요.
형용사	현재	받침 O	-은 편이다	어렸을 때는 키가 작은 편이었어요.
		받침 X	-ㄴ 편이다	몸에 비해 얼굴이 큰 편이에요.
명사		받침 O / 받침 X	-인 편이다	그는 내성적인 편이에요.

3. 용법

1) 대체로 어느 쪽에 속하거나 어떤 쪽에 가까울 때 사용한다.

제 남자친구는 멋있는 편이에요.

외국사람 치고는 매운 음식을 잘 먹는 편이에요.

4. 연습

※ 다음 그래프를 보고 '-(으)ㄴ/는 편이다'를 사용하여 보기처럼 문장을 만드십시오.

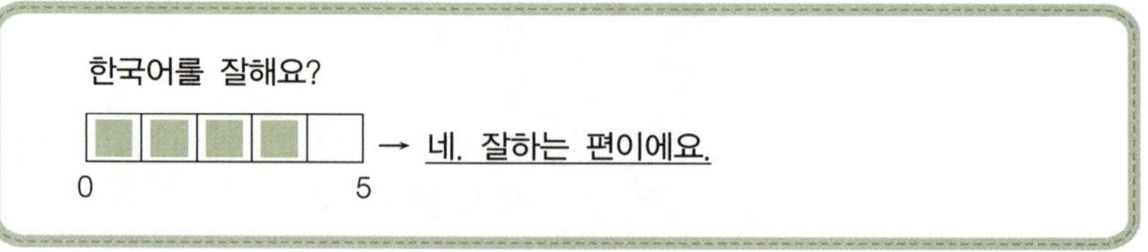

1) 그림을 잘 그려요? 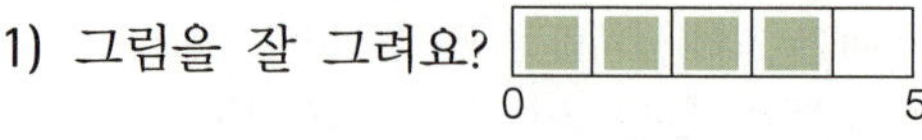

→ ______________________________

2) 공포영화를 잘 봐요?

0　　　　　5

→ ____

3) 성격이 어때요?

소극적　　　　적극적

→ ____

4) 당신의 건강은 어떻습니까?

0　　　　　5

→ ____

5) 달리기를 잘해요?

0　　　　　5

→ ____

−(으)ㄴ/는/(으)ㄹ 줄 알다/모르다

1. 의미

어떤 사실을 알거나 모른다.

2. 형태

동사	과거	받침 O	−은 줄 알다/모르다	저녁 먹은 줄 알고 식사 준비를 안 했어요.
		받침 X	−ㄴ 줄 알다/모르다	지난주에 여행 간 줄 몰랐어요.
	현재	받침 O / 받침 X	−는 줄 알다/모르다	일찍 문을 닫는 줄 알았어요. 시간 가는 줄 모르고 이야기했어요.
	*미래	받침 O	−을 줄 알다/모르다	저는 동생이 한자를 읽을 줄 몰랐어요.
		받침 X	−ㄹ 줄 알다/모르다	한 달만에 5kg이 찔 줄 몰랐죠.
형용사	현재	받침 O	−은 줄 알다/모르다	우리 학교가 이렇게 넓은 줄 몰랐어요.
		받침 X	−ㄴ 줄 알다/모르다	동생이 저보다 키가 큰 줄 알고 있더군요.
	*미래	받침 O	−을 줄 알다/모르다	이 신발이 이렇게 작을 줄 몰랐어요.
		받침 X	−ㄹ 줄 알다/모르다	택시가 빠를 줄 알고 탔는데 오히려 더 늦었어요.
명사		받침 O / 받침 X	−인 줄 알다/모르다	오늘 휴강인 줄 모르고 학교에 왔어요.

* 형태는 미래지만 과거에 생각한 것이 현재의 사실과 다름을 의미한다.

3. 용법

1) 어떤 사실을 알거나 모를 때 사용한다.

내가 공부하는 줄 모르고 동생이 음악을 크게 틀었어요.

소개팅에 나온 사람이 그렇게 예쁜 줄 알았으면 내가 나가는 건데.

※ 다음 그림을 보고 '—(으)ㄴ/는/(으)ㄹ 줄 알다/모르다'를 사용하여 대화를 완성하십시오.

1) 가 : 안 추워요?

　　나 : _______________________

2) 가 : 무슨 말인지 모르겠어요.

　　나 : 네? _______________________

3) 가 : 거 봐, 빨리 출발하자고 했잖아.

　　나 : _______________________

4) 가 : 저는 애가 3명이에요.

　　나 : 정말요? _______________________

−(으)나 마나

1. 의미

동사와 함께 쓰여 어떤 행위를 하거나 안 하거나 마찬가지임을 나타낸다.

2. 형태

받침 O	−으나 마나	들으나 마나한 말을 왜 듣고 있어요?
받침 X	−나 마나	그 친구는 보나 마나 잘 게 뻔해요.

3. 용법

1) 어떤 동작을 하든지 안 하든지 결과가 같을 때 사용한다.

엄마가 만든 음식은 먹어 보나 마나 맛있을 거예요.

이 만화책은 제목을 보니 읽으나 마나 재미없을 게 분명해요.

4. 연습

※ 열심히 하거나 안 하거나 결과가 같은 일은 무엇이 있을까요?

'−(으)나 마나'를 사용하여 대답해 보십시오.

1) <u>마음이 변한 애인에게 전화해 보나 마나 전화를 받지 않을 거예요.</u>

2) _______________________________________

3) _______________________________________

4) _______________________________________

5) _______________________________________

−(으)ㄹ걸

1. 의미

추측이나 후회를 나타낸다.

2. 형태

동사 /형용사	받침 O	−을걸	너보다 내가 책이 더 많을걸.
	받침 X	−ㄹ걸	지난주에 그 영화를 볼걸 그랬어요.
명사	받침 O	−일걸	아마 그 사람이 선생님일걸.
	받침 X		책상 위에 있는 게 할머니 전화기일걸요.

3. 용법

1) 추측을 말할 때 사용한다.

이번 올림픽에도 김연아 선수가 금메달을 딸걸요.
다음 주가 시험이니까 도서관에 사람이 많을걸요.

2) 후회를 말할 때 사용한다.

삼촌이 용돈 주신다고 할 때 그냥 받을걸.
이렇게 맛없을 줄 알았으면 내가 만들걸 그랬어요.

4. 연습

※ 다음을 '−(으)ㄹ걸'을 사용해서 후회되는 일을 써 보십시오.

1) 다이어트를 해서 살을 뺄걸 그랬어요.

2) ______________________

3) ______________________

4) ______________________

5) ______________________

※ 결혼을 하면 어떨까요? '-(으)ㄹ걸'을 사용해서 써 보십시오.

1) 사랑하는 사람과 항상 같이 있으니까 행복할걸요.

2) _______________________________________

3) _______________________________________

4) _______________________________________

5) _______________________________________

−(으)ㄹ망정

<table>
<tr><td rowspan="5">1. 의미</td></tr>
</table>

1. 의미　　앞문장의 사실을 인정하지만 그것과 상관없이 뒤 문장의 상황도 인정한다.

2. 형태

동사	과거		−았/었을망정	감기에 걸렸을망정 학교는 가야 해요.
	현재	받침 O	−을망정	몸은 떠나있을망정 마음은 언제나 함께 있다.
		받침 X	−ㄹ망정	여행을 안 갈망정 너랑은 안 가겠다.
형용사	현재	받침 O	−을망정	키가 작을망정 다리도 짧은 건 아니에요.
		받침 X	−ㄹ망정	나이는 어릴망정 이해심은 많다.
명사		받침 O / 받침 X	−일망정	내가 백수일망정 동생에게까지 돈을 받고 싶진 않다.

3. 용법

1) 앞문장과 대조되는 사실을 말할 때 사용한다.

　게으를망정 숙제조차 안 하는 건 아니에요.
　비록 영어를 못 할망정 외국에서 십년을 살다 온 사람이에요.

2) 말하는 사람의 확고한 의지를 말할 때 사용한다.
　: 동사만 사용한다.

　혼자 살망정 너랑은 결혼 안 할거야.
　내가 회사를 그만둘망정 부장에게 사과하지는 않겠다.

<table>
<tr><td>4. 연습</td><td>

※ 다음 대화를 '–(으)ㄹ망정'을 사용하여 완성하십시오.

1) 가 : 내가 김치찌개 만들었는데 먹어볼래?

　 나 : 너 요리 못하잖아. 차라리 ___________ 네가 만든 건 안 먹을래.

2) 가 : 수리비가 얼마예요?

　 나 : 30만 원이에요.

　 가 : 뭐라고요? 이게 28만 원짜린데 수리비가 30만 원이라고요?

　 　 차라리 ____________________________________

3) 가 : 이렇게 허름한 식당에 사람이 왜 이렇게 많아요?

　 나 : ____________________________ 음식 맛은 좋아요.

4) 가 : 여자 친구 생일 선물치고 너무 비싼 거 아니에요?

　 나 : 비록 ____________________________________

5) 가 : 그렇게 돈을 펑펑 쓰다가는 다음 달 식비조차 모자랄 거예요.

　 나 : ____________________________________

</td></tr>
</table>

−(으)ㄹ 뻔하다

1. 의미

동사와 함께 쓰여 일어나지 않았지만 거의 일어나기 직전까지 갔음을 나타낸다.

2. 형태

받침 O	−을 뻔하다	빗길에 미끄러져서 죽을 뻔했어요.
받침 X	−ㄹ 뻔하다	넘어질 뻔했는데 친구가 잡아줘서 안 넘어졌어요.

3. 용법

1) 어떤 상황이 거의 되려다가 안 됐을 때 사용한다.

생각보다 길이 막혀서 기차를 놓칠 뻔했어요.

100점 맞을 뻔했는데 실수로 한 문제를 틀리고 말았어요.

4. 연습

※ 다음 글을 읽고 완성하십시오.

> 어느 날 제가 집에서 낮잠을 자고 있었어요. 그런데 갑자기 이상한 소리가 났어요. 누군가가 집에 들어온 거였어요. 저는 깜짝 놀라서 1)<u>소리칠 뻔했지만</u> 소리를 지르지 않았어요. 얼른 밖으로 도망을 가려고 서두르다가 책상에 걸려 2)_______________. 창가로 가서 창문을 열려고 했는데 창문이 열리지 않았어요. 그 때 그 사람이 내 어깨를 쳤어요. 저는 너무 놀라 3)_______________. 그 사람은 저에게 "수미야, 뭐하니?"라고 말했어요. 정신을 차리고 그 사람을 보니 제 오빠였어요. 저는 너무나 창피해서 4)_______________.

※ 여러분은 언제 기절할 뻔했어요?

1) 혼자 무서운 영화를 보고 있는데 갑자기 엄마가 저를 불러서 기절할 뻔
   했어요.

2) ____

3) ____

1. 의미

앞의 사실 외에 또 다른 사실이 있다.

2. 형태

동사	과거		—았/었을 뿐만 아니라	코트를 입었을 뿐만 아니라 목도리도 했어요. 영화를 봤을 뿐만 아니라 책도 읽었어요.
	현재	받침 O	—을 뿐만 아니라	밥을 먹을 뿐만 아니라 차도 마셔요.
		받침 X	—ㄹ 뿐만 아니라	선생님도 갈 뿐만 아니라 학생들도 가요.
형용사	과거		—았/었을 뿐만 아니라	10년 전에는 경치가 좋았을 뿐만 아니라 물도 맑았어요. 어렸을 때는 예뻤을 뿐만 아니라 날씬했어요.
	현재	받침 O	—을 뿐만 아니라	여학생이 많을 뿐만 아니라 남학생도 많아요.
		받침 X	—ㄹ 뿐만 아니라	방이 클 뿐만 아니라 깨끗해요.
명사		받침 O / 받침 X	—일 뿐만 아니라	그는 의사일 뿐만 아니라 교수이다.

3. 용법

1) 앞의 사실 외에도 다른 사실이 더 있을 때 사용한다.

오늘은 말하기 시험을 볼 뿐만 아니라 듣기 시험도 봐요.

친구에게서 아무 연락이 없을 뿐만 아니라 전화도 안 받아서 걱정이에요.

※ 다음 그림을 보고 '—(으)ㄹ 뿐만 아니라'를 사용하여 대화를 완성하십시오.

1) _______________________________

2) _______________________________

3) _______________________________

4) _______________________________

Q : '소파뿐만 아니라 침대도 샀어요.'에서처럼 'N뿐만 아니라'의 형태로도 쓸 수
　　있나요?
A : 네, 가능합니다. 하지만 의미가 다릅니다.
　　예를 들어 볼까요?

　'소파뿐만 아니라 침대도 샀어요.'
　→ 소파도 사고 침대도 샀다는 의미로 두 개의 가구를 샀다는 의미입니다.

　'소파일 뿐만 아니라 침대이기도 해요.'
　→ 소파이면서 침대도 된다는 의미로 한 개의 가구가 두 개의 용도로 사용된다는
　　의미입니다.

−(으)ㄹ 게 뻔하다

1. 의미		동사나 형용사와 함께 쓰여 생각한 상황이나 일이 확실하고 분명함을 나타낸다.

2. 형태

받침 O	−을 게 뻔하다	사진을 찍을 게 뻔해요. 도서관에 사람이 많을 게 뻔해요.
받침 X	−ㄹ 게 뻔하다	이 시간에는 잘 게 뻔해. 명품이라 비쌀 게 뻔해요.

3. 용법

1) 자세히 확인하지 않아도 상황이나 일이 분명하다고 생각할 때 사용한다.

남극이니까 추울 게 뻔해요.

비가 이렇게 많이 오니까 소풍을 못 갈 게 뻔해요.

4. 연습

※ 다음 글을 '−(으)ㄹ 게 뻔하다'를 사용하여 완성하십시오.

제 친구 마리 씨는 캐나다 사람인데 공부도 열심히 하는 성실한 학생입니다. 마리 씨는 언제나 수업 후에 도서관에서 공부를 합니다. 지금도 도서관에서 1) <u>공부를 할 게 뻔합니다.</u> 혼다 씨는 요즘 연애를 시작했습니다. 수업 시간에 가끔 혼자 웃는데 여자친구를 2)____________. 성아 씨가 내일이 엄마 생신이라고 했습니다. 성아 씨는 지금 백화점에서 3)________________. 진타오 씨는 빵을 무척 좋아합니다. 책상 위에 빵이 있는 걸 보니 저녁으로 빵을 4)________________. 다음 주에 시험이 있습니다. 저 뿐만 아니라 제 친구들은 모두 다음 주에 공부하느라 5)________________.

−(으)ㄹ 겸

1. 의미

동사와 함께 쓰여 두 가지 이상의 동작을 함께 한다.

2. 형태

받침 O	−을 겸	신문도 읽을 겸 도서관에 갔어요.
받침 X	−ㄹ 겸	운동도 할 겸 회사까지 자전거를 타고 다녀요.

3. 용법

1) 두 가지 이상의 동작을 같이 할 때 사용한다.

같이 밥도 먹을 겸 12시에 만납시다.

이번 방학에는 여행도 하고 친구도 만날 겸 미국에 가려고 해요.

4. 연습

※ 다음 보기를 보고 '−(으)ㄹ 겸'을 사용하여 문장을 만드십시오.

영화를 보다	사진을 찍다	옷을 사다	손을 씻다
한국어 공부하다	화장실에 가다	시내에 가다	한국 드라마를 보다
친구를 만나다	공원에 가다		

1) 이번 주말에는 영화를 볼 겸 친구를 만나기로 했어요.

2) ___________________________________

3) ___________________________________

4) ___________________________________

5) ___________________________________

−(으)ㄹ까 말까

1. 의미 동사와 함께 쓰여 어떤 행동을 할지 안 할지 결정하지 못하고 망설임을 나타낸다.

2. 형태

받침 O	−을까 말까	밥을 먹을까 말까 생각 중이에요.
받침 X	−ㄹ까 말까	친구에게 그 말을 할까 말까 해요.

3. 용법

1) 어떤 행동을 결정하지 못하고 망설일 때 사용한다.

어린이날인데 조카한테 선물을 줄까 말까 고민 중이에요.

약속 시간까지 시간이 조금 남아서 커피를 한잔 할까 말까 해요.

4. 연습

※ 다음 그림을 보고 '−(으)ㄹ까 말까'를 사용하여 문장을 만드십시오.

1) <u>만두를 구울까 말까 생각해요.</u>

2) ______________________________

3) ______________________________

4) ______________________________

―(으)ㄹ까 보다

1. 의미

추측이나 어떤 행동을 할 생각이 있다.

2. 형태

동사	과거 추측		―았/었을까 보다	은행문을 닫았을까 봐 빨리 갔어요. 친구가 벌써 떠났을까 봐 걱정이에요.
	미래 추측 / 의지	받침 O	―을까 보다	이번 모임에 원피스를 입을까 봐요.
		받침 X	―ㄹ까 보다	감기에 걸릴까 봐서 수영을 안 했어.
형용사	과거 추측		―았/었을까 보다	시험이 어려웠을까 봐 물어보는 거예요. 제가 어렸을 때도 뚱뚱했을까 봐요?
	미래 추측	받침 O	―을까 보다	음식이 남을까 봐 조금만 했어요.
		받침 X	―ㄹ까 보다	아플까 봐 걱정이에요.
명사		받침 O / 받침 X	―일까 보다	어려운 부탁일까 봐 걱정했어요.

3. 용법

1) 주로 '―(으)ㄹ까 봐' 형태로 쓰여 그런 상황이 되는 것을 걱정하거나 추측할 때 사용한다.

   이사하는 날에 비가 올까 봐 걱정이에요.

   친구가 좋아할까 봐 샀는데 생각보다 별로 안 좋아해서 조금 실망했어요.

2) 동사와 함께 쓰여 어떤 행동을 할 생각이 있을 때 사용한다.

   이번 주말에는 여행을 갈까 봐요.

   월급을 타면 컴퓨터를 새로 장만할까 봐요.

<table>
<tr><td>4. 연습</td><td>

※ 다음 대화를 '-(으)ㄹ까 보다'를 사용하여 완성하십시오.

1) 가 : 무슨 고민 있어요?

　　나 : 내일이 시험인데 시험공부를 많이 못 해서 ________________

2) 가 : 내년에도 한국에 있을 거예요?

　　나 : 아니요. 공부도 끝나니까 내년에는 고향으로 ______________

3) 가 : 번지점프 해 봤어요?

　　나 : 아니요. 지난번엔 다칠까봐 무서워서 안 했는데 다음에는

　　　____

4) 가 : 왜 같이 영화 보러 안 갔어요?

　　나 : ____

5) 가 : 그 여자한테 말 걸어 봤어요?

　　나 : 아니요. ____________________________________

</td></tr>
</table>

−(으)ㄹ까 하다

| 1. 의미 | 추측이나 의지를 나타낸다. |

<table>
<tr><td rowspan="3">동사</td><td>과거
추측</td><td></td><td>−았/었을까
하다</td><td>반찬을 다 먹었을까 해서 또 만들어
왔어요.
회의가 끝났을까 해서 들어와 봤어요.</td></tr>
<tr><td rowspan="2">미래
추측
/ 의지</td><td>받침 O</td><td>−을까 하다</td><td>아이스크림이 녹을까 해서 빨리 먹었
어요.</td></tr>
<tr><td>받침 X</td><td>−ㄹ까 하다</td><td>친구가 올까 해서 기다리고 있어요.</td></tr>
<tr><td rowspan="3">형용사</td><td>과거
추측</td><td></td><td>−았/었을까
하다</td><td>십년 전에도 학생들이 많았을까 해서
자료를 찾아 봤어요.
어렸을 때도 예뻤을까 해서 사진을 찾
아 봤어요.</td></tr>
<tr><td rowspan="2">미래
추측</td><td>받침 O</td><td>−을까 하다</td><td>빵이 맛있을까 해서 많이 샀어요.</td></tr>
<tr><td>받침 X</td><td>−ㄹ까 하다</td><td>날씨가 좋을까 해서 이불을 널었어요.</td></tr>
<tr><td>명사</td><td></td><td>받침 O
/ 받침 X</td><td>−일까 하다</td><td>중요한 말일까 해서 잘 들었어요.</td></tr>
</table>

3. 용법

1) 추측을 말할 때 사용한다.

신상품이 나왔을까 해서 백화점에 갔어요.

좋은 소식이 있을까 했는데 아무 소식도 없었어요.

2) 동사와 함께 쓰여 의지를 말할 때 사용한다.

아이에게 영어를 가르쳐 볼까 해요.

여행이나 갈까 해서 여행사에 전화해 봤어요.

<table>
<tr>
<td>

4. 연습

</td>
<td>

※ 다음 문장을 연결하고 '−(으)ㄹ까 하다'를 사용하여 한 문장으로 만드십시오.

1) 칼국수를 만들다 •	• 영어 공부하다
2) 미국에 유학을 가다 •	• 밀가루를 사다
3) 배가 고프다 •	• 샌드위치를 준비하다
4) 그 사람이 오다 •	• 학원에 등록하다
5) 태권도를 배우다 •	• 예쁘게 꾸미다

1) <u>칼국수를 만들까 해서 밀가루를 사러 가요.</u>

2) _______________________________

3) _______________________________

4) _______________________________

5) _______________________________

</td>
</tr>
</table>

'―(으)ㄹ까 하다'와 '―(으)ㄹ까 보다'는 같은 추측의 의미를 가졌지만 '―(으)ㄹ까 하다'가 '―(으)ㄹ까 보다'보다 의지의 의미가 조금 더 강해요.

여행을 <u>갈까 해서</u> 여권을 만들었어요.
→ 여행을 가고자 하는 의지가 강하다.

여행을 <u>갈까 봐서</u> 여권을 만들었어요.
→ 내 의지보다는 다른 어떤 상황으로 인해 여행을 가게 될
　수도 있음을 말한다.

−(으)ㄹ 리가 없다

1. 의미

이유나 가능성이 없다.

2. 형태

동사	과거		−았/었을 리가 없다	내일이 시험인데 놀았을 리가 없어요. 철수는 아파서 술을 마셨을 리가 없어요.
	현재	받침 O	−을 리가 없다	이 시간에 문을 닫을 리가 없어요.
		받침 X	−ㄹ 리가 없다	영희가 1등할 리가 없어요.
형용사	과거		−았/었을 리가 없다	그 성격에 친구가 많았을 리가 없어요. 지연이가 그렇게 예뻤을 리가 없어요.
	현재	받침 O	−을 리가 없다	그 가격이라면 물건이 괜찮을 리가 없어요.
		받침 X	−ㄹ 리가 없다	지금 이 시간에 바쁠 리가 없어요.
명사		받침 O / 받침 X	−일 리가 없다	화장한 걸 보니 남자일 리가 없어요.

3. 용법

1) 이유나 가능성이 없을 때 사용한다.

내 남자 친구가 날 싫어할 리가 없어요.

주말인데 그 사람이 집에 있을 리가 없지요.

※ 다음 대화를 '-(으)ㄹ 리가 없다'를 사용하여 완성하십시오.

여자친구 : 어제 모임은 잘했어? 몇 시에 들어갔어?

남자친구 : 일찍 들어갔어. 한 10시쯤?

여자친구 : 친구 만나고 술 마시는 거 좋아하는 네가 1) 일찍 들어갈 리가 없는데…….

남자친구 : 아니야. 진짜 일찍 들어갔어. 10시가 아니라 12시인가?

여자친구 : 그럼 그렇지. 그런데 이번 주말에 우리 뭐 할까?

남자친구 : 어쩌지, 나 약속 있는데.

여자친구 : 무슨 약속?

남자친구 : 친구들 하고 도서관에서 공부하기로 했어.

여자친구 : 진짜? 거짓말이지? 네가 2)_______________________

남자친구 : 진짜야. 다음 주가 시험이잖아. 지금이라도 열심히 공부해서 장학금 좀 받아 보려고.

여자친구 : 그래, 열심히 해 봐. 하지만 일주일 공부한다고 3)_______ _______________

남자친구 : 참, 시험 끝나고 방학에 여행 가자.

여자친구 : 안 돼. 나 다음 학기 학비 때문에 아르바이트 해야 돼.

남자친구 : 네가 아르바이트를 왜 해? 매번 장학금을 타는 네가 학비 때문에 4)_____________ _______________________

여자친구 : 이번에는 시험을 잘 못 봐서 장학금을 못 탈 것 같거든.

남자친구 : 걱정마. 네가 시험을 5)_______________________

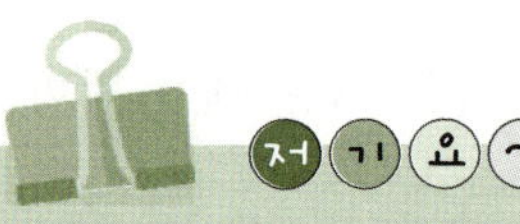

Q : '–(으)ㄹ 리가 있다'는 없나요?
A : 있습니다.
   하지만 주로 의문의 형태로 쓰여 반문하면서 '–(으)ㄹ 리가 없다'라는 의미를
   강조하는 것입니다.
   예를 들어 볼까요?

가 : 제 이름 기억하세요?
나 : 그럼, 2년이나 봤는데 네 이름을 잊을 리가 있겠어?
                        '잊을 리가 없다'는 의미를 강조

−(으)ㄹ 만하다

1. 의미

동사와 함께 쓰여 가치나 정도를 나타낸다.

2. 형태

받침 O	−을 만하다	이 음식이 저것보다 먹을 만하네요.
받침 X	−ㄹ 만하다	저 영화가 볼 만하다고 하는데 같이 볼래요?

3. 용법

1) 가치나 정도를 말할 때 사용한다.

이 가방은 아직 쓸 만하니까 버리지 마세요.
창덕궁에 가 보니 세계문화유산으로 지정될 만하더군요.

4. 연습

※ 다음 대화를 '−(으)ㄹ 만하다'를 사용하여 완성하십시오.

1) 가 : 졸업 선물로 받은 휴대전화가 어때요?

나 : 기능이 많은 건 아니지만 ___________________________

2) 가 : 자동차가 꽤 오래 된 것 같은데 몇 년 탔어요?

나 : 15년 됐는데 아직 ___________________________

3) 가 : 대학교 수업은 ___________________________?

나 : 한국어가 서툴러서 조금 어렵기는 하지만 ___________________

4) 가 : 여행을 가려고 하는데 ___________________________?

나 : 휴양지를 좋아하면 제주도가 ___________________________

5) 가 : 이 책 읽어 봤어요? 외국사람이 읽기에 어때요?

나 : 내용이 어렵지 않아서 ___________________________

─(으)ㄹ지언정

1. 의미

앞 문장의 내용을 인정하지만 뒤 문장의 내용을 더 강조한다.

2. 형태

동사	과거		─았/었을 지언정	이름은 몇 번 들었을지언정 얼굴은 몰라요. 대학에 떨어졌을지언정 공부를 포기하지는 않았어요.
	현재	받침 O	─을지언정	한자는 읽을 수 있을지언정 중국어는 말할 줄 몰라요.
		받침 X	─ㄹ지언정	살이 찔지언정 굶지는 않겠어요.
형용사	과거		─았/었을 지언정	그 배우는 인기가 없었을지언정 연기를 못 했던 것은 아니에요. 옛날에는 예뻤을지언정 지금은 아니에요.
	현재	받침 O	─을지언정	가방이 작을지언정 가방 안에 있을 건 다 있어요.
		받침 X	─ㄹ지언정	그 옷이 비쌀지언정 꼭 사고야 말겠어요.
명사		받침 O / 받침 X	─일지언정	1등일지언정 모든 걸 다 아는 건 아니에요.

3. 용법

1) 앞 문장의 내용을 인정하지만 뒤 문장의 내용을 더 강조할 때 사용한다.

영어를 못할지언정 해외여행을 못 하는 것은 아니에요.
병이 낫는다면 이 약을 먹고 부작용이 있을지언정 먹어야겠어요.

※ 다음 문장을 '-(으)ㄹ지언정'을 사용하여 완성하십시오.

1) 봄이 ________________________ 아직도 날씨는 추워요.

2) 그 구두가 ________________________ 저한테는 안 어울려요.

3) 나이가 ________________________ 마음까지 늙은 건 아니에요.

4) 아무리 스트레스가 ______________ 아이에게 화를 내면 안 돼요.

5) 그 영화가 아무리 ______________ 시간이 없어 볼 수가 없어요.

−(으)ㄹ 텐데

1. 의미

추측을 나타낸다.

2. 형태

동사	과거 추측		−았/었을 텐데	이 책은 이미 읽었을 텐데 다른 책을 선물합시다. 엄마가 아직 안 오셨을 텐데 천천히 가요.
	미래 추측 / 의지	받침 O	−을 텐데	빨리 먹지 않으면 국이 식을 텐데요.
		받침 X	−ㄹ 텐데	제가 할 텐데 왜 하셨어요?
형용사	과거 추측		−았/었을 텐데	음식이 조금 모자랐을 텐데 괜찮았어요? 어제 무척 힘들었을 텐데 오늘은 그냥 쉬세요.
	미래 추측	받침 O	−을 텐데	세일이라 사람이 많을 텐데 갈 거예요?
		받침 X	−ㄹ 텐데	이 시간에 지하철은 복잡할 텐데요.
명사		받침 O / 받침 X	−일 텐데	지금쯤 방학일 텐데 같이 여행 가자고 할까?

3. 용법

1) 추측을 말할 때 사용한다.

마음이 아플 텐데 그런 얘기 하지 마세요.
좋은 남자가 많이 있었을 텐데 왜 아직도 혼자예요?

2) 말하는 사람의 의지를 말할 때 사용한다.

내가 말할 텐데 왜 먼저 말해서 야단을 맞았어요?
약속한 대로 여행을 가야 할 텐데 돈이 없어서 걱정이에요.

| 4. 연습 | ※ 다음 보기처럼 '-(으)ㄹ 텐데'를 사용하여 문장을 만드십시오. |

> 우리 삼촌 나이가 40살이에요. 하지만 아직 여자 친구도 없어요.
> → 빨리 좋은 여자를 만나 결혼을 해야 할 텐데 걱정이에요.

1) 내일 소풍을 가요. 그런데 비 올 확률이 60%래요.

   → ____

2) 야구 경기가 6시에 시작이에요. 그런데 차가 밀려요.

   → ____

3) 내가 퇴근하기 전에 어머니가 이미 저녁을 다 해 놓고 기다리고 있었어요.

   → ____

4) 내 친구가 감기에 걸려서 이틀이나 결석을 했어요.

   → ____

5) 내일 소개팅이 있어요. 예쁜 여자가 나왔으면 좋겠어요.

   → ____

−(으)려다가

| 1. 의미 | 동사와 함께 쓰여 의도했던 행위가 중단 되거나 전환된다. |

2. 형태

받침 O	−으려다가	과자를 몰래 먹으려다가 엄마한테 들켰어요.
받침 X	−려다가	여행을 가려다가 바빠서 못 갔어요.

3. 용법

1) 의도한 행위가 중단 되거나 다른 행위로 바뀔 때 사용한다.

　황사가 너무 심해서 창문을 열려다가 말았어요.

　의자가 더러워서 앉으려다가 다른 의자에 앉았어요.

4. 연습

※ 다음 보기를 보고 알맞은 것을 골라 '−(으)려다가'을 사용하여 문장을 만드십시오.

| 시내에 나가다　라틴어를 공부하다　클래식을 듣다　칼국수를 만들다
재즈를 듣다　어려워서 포기하다　라면을 끓이다　비가 와서 그만 두다
치마를 입다　바람이 불어서 바지를 입다 |

1) <u>시내에 나가려다가 비가 와서 그만 두었어요.</u>

2) _______________________________________

3) _______________________________________

4) _______________________________________

5) _______________________________________

−(으)려던 참이다

1. 의미

동사와 함께 쓰여 어떤 행위를 하려는 기회나 때를 나타낸다.

2. 형태

받침 O	−으려던 참이다	밥을 먹으려던 참인데 같이 먹을래요?
받침 X	−려던 참이다	지금 집에 가려던 참이에요.

3. 용법

1) 어떤 행위를 하려는 기회나 때를 말할 때 사용한다.

몸이 아파서 병원에 가려던 참이에요.

친구에게 전화를 걸려던 참이었는데 마침 친구가 집에 왔어요.

4. 연습

※ 다음 대화를 '−(으)려던 참이다'를 사용하여 완성하십시오.

엄마 : 숙제 다 했어?

아들 : 지금 1)<u>하려던 참이에요.</u>

엄마 : 집에 와서 손은 씻었지?

아들 : 아니요. 지금 2)＿＿＿＿＿＿＿＿＿＿＿

그런데 엄마, 제가 부탁한 거 사다 놓으셨어요?

엄마 : 아니. 이제 사러 3)＿＿＿＿＿＿＿＿＿＿＿

아들 : 부탁 드린 지가 언젠데…….

엄마 : 지금 간다고 했잖아. 그건 그렇고 시험 성적은 나왔니?

아들 : 안 그래도 말씀 4)＿＿＿＿＿＿＿＿ 저 1등한 것 같아요.

엄마 : 그래? 잘했구나. 수고했다. 아빠한테도 알려 드려라.

아들 : 안 그래도 문자 5)＿＿＿＿＿＿＿＿＿＿＿

−(으)ㅁ

1. 의미

동사나 형용사와 함께 쓰여 명사화가 된다.

2. 형태

받침 O	−음	그는 좋고 싫음을 분명하게 말하는 성격이에요.
받침 X	−ㅁ	오늘 회의가 있어 집에 늦게 들어 감.

3. 용법

1) 주어나 목적어로 사용한다.

   강원도의 설악산은 웅장함을 자랑한다.

   그와의 헤어짐이 내 인생을 바꿔놓을 줄 몰랐어요.

2) 문장의 종결로 사실이나 정보를 알릴 때 사용한다.
   : 주로 경고문, 보고문, 메모 등에 쓰인다.

   관계자 외 출입을 금함.

   다음 주까지 연수 연장을 하라고 전화 왔음.

3) 명사로 굳어진 것

   : 그림, 웃음, 울음, 믿음, 잠, 춤, 앎, 삶, 얼음, 졸음, 꿈, 짐, 도움, 조림,
   슬픔, 기쁨, 아픔, 젊음 등이 있다.

4. 연습

※ 다음 보기처럼 '−(으)ㅁ'을 사용하여 완성하십시오.

청첩장

저희의 <u>만남</u>이 3년이 지나 결실을 맺게 되었습니다.

많이 오셔서 축하해 주시기 바랍니다.

1)

<table>
<tr><td>

제 ** 회 TOPIK 시험 안내

다음과 같이 TOPIK 시험을 안내 하니

기간 내에 신청하기 __________

일   시 : 20**년 *월 *일

장   소 : 한국대학교

신청기간 : 20**년 *월 *일 ~ 20**년 *월 *일

</td></tr>
</table>

2)

<table>
<tr><td>

민수 씨에게

집에서 전화가 __________

아이가 많이 아프다고 ________

메모를 보면 바로 집으로 연락하기 __________

</td></tr>
</table>

3)

<table>
<tr><td>

• __________만으로 사는 사람은 굶어서 죽는다.

　　　　　　　　　　　　　　　　　(이탈리아 속담)

• 모든 여성은 착하기보다 __________을 원한다.

　　　　　　　　　　　　　　　　　(독일 속담)

• __________ 속에 칼이 있다.　　　　　(한국 속담)

• ________을 자야 __________도 꾼다.　　(한국 속담)

• 기쁘게 든 ________은 무겁지 않다.　　(스페인 속담)

<table>
<tr><td><보기></td><td>지다</td><td>웃다</td><td>기다리다</td></tr>
<tr><td></td><td>꾸다</td><td>자다</td><td>아름답다</td></tr>
</table>

</td></tr>
</table>

‒(으)며

1. 의미	동사나 형용사와 함께 쓰여 둘 이상의 사실을 나열한다.	

2. 형태

받침 O	‒으며	아기가 우유를 먹으며 자요.
받침 X	‒며	이 집은 값도 싸며 방도 넓어요.

3. 용법

1) 사실을 나열할 때 사용한다.

누나는 간호사이며 매형은 의사이다.
우리 학교는 동쪽에 도서관이 있으며 서쪽에 학생회관이 있다.

2) 상태나 동작이 동시에 일어날 때 사용한다.

그 사람은 언제나 웃으며 인사해서 만나면 기분이 좋아져요.
비빔밥은 여러 가지 재료가 들어가서 맛도 좋으며 영양도 풍부하다.

4. 연습

※ 다음 주제에 대해 '‒(으)며'를 사용하여 써 보십시오.

1) 한국 생활의 장·단점

→ ______________________________

→ ______________________________

2) 친구가 있으면 좋은 점

→ ______________________________

→ ______________________________

3) 걸으며 할 수 있는 것

→ ____

→ ____

4) 운전하며 하면 안 되는 것

→ ____

→ ____

Q : '웃으며 가요'와 '웃으면서 가요'는 다른 건가요?
A : 같은 의미입니다.
　　하지만, 나열의 의미일 때는 '-고'와 바꿔 쓸 수 있고, 동시 동작의 의미일 때는
　　'-(으)면서'와 바꿔 쓸 수 있습니다.
　　예를 들어 볼까요?

형은 가수<u>이며</u> 동생은 배우예요.
　　= 형은 가수<u>이고</u> 동생은 배우예요.

내 친구는 기분이 좋은지 웃<u>으며</u> 가요.
　　= 내 친구는 기분이 좋은지 웃<u>으면서</u> 가요.
　　→ 친구가 웃는 상태에서 간다는 동시의 의미를 갖습니다.

−(으)면 −(으)ㄹ수록

1. 의미 동사나 형용사와 함께 쓰여 정도가 심해짐을 나타낸다.

2. 형태

받침 O	−으면 −을수록	산은 높으면 높을수록 경치가 좋다네요.
받침 X	−면 −ㄹ수록	이 책은 보면 볼수록 흥미로워요.

3. 용법

1) 정도가 더해갈 때 사용한다.

나이가 어리면 어릴수록 호기심이 많아요.
외국어는 배우면 배울수록 어려운 것 같아요.

4. 연습

※ 다음 수수께끼를 알아 맞혀 보십시오.

1) 깎으면 깎을수록 기분이 좋아지는 것은? ______________________

2) 먹으면 먹을수록 많아지는 것은? ______________________

3) 닦으면 닦을수록 더러워지는 것은? ______________________

4) 뚱뚱하면 뚱뚱할수록 가벼워지는 것은? ______________________

5) 때리면 때릴수록 빨라지는 것은? ______________________

(이)라도

1. 의미

명사와 함께 쓰여 최선이 아닌 것을 선택한다.

2. 형태

받침 O	이라도	밥이 없으니 빵이라도 먹어야겠어요.
받침 X	라도	날씨가 더운데 냉수라도 한 잔 주세요.

3. 용법

1) 마음에 들지는 않지만 그나마 괜찮은 것을 선택할 때 사용한다.

주말에 잠만 자지 말고 영화라도 보자.

오늘이 네 생일인 걸 알았더라면 작은 선물이라도 샀을 텐데.

2) '아무, 누구, 어디, 언제' 등과 함께 쓰여 무엇이든 상관없을 때 사용한다.

언제라도 시간 있을 때 전화하세요.

돈이 없으니까 아무 일이라도 해야겠어요.

3) 수량 명사와 함께 쓰여 의미를 강조할 때 사용한다.

아이가 1분이라도 안 보이면 불안해요.

저는 한 끼라도 굶으면 신경이 예민해져요.

4. 연습

※ 다음을 '(이)라도'를 사용하여 대화를 완성하십시오.

1) 가 : 교실에 가서 영희 좀 불러 오세요.

나 : 어? 영희 아까 집에 갔는데요.

가 : 그럼, ___________________________________

2) 가 : 방학에 뭐해요? 계획이 없으면 ＿＿＿＿＿＿＿＿＿＿＿＿＿＿

   나 : 좋아요. 저도 어디로든지 여행을 가려고 했어요.

3) 가 : 부모님께 자주 전화 드려요?

   나 : 물론이죠. ＿＿＿＿＿＿＿＿＿ 부모님이 먼저 전화를 하시거든요.

4) 가 : 자리가 그렇게 불편해요?

   나 : 네. 모르는 사람들이랑 있으니 더 그렇네요.

   가 : 그래도 좀 ＿＿＿＿＿＿＿＿＿＿＿＿＿ 화난 사람 같아요.

5) 가 : 우리 회사에 입사하신다면 어떤 일을 하고 싶으십니까?

   나 : ＿＿＿＿＿＿＿＿＿ 맡겨만 주신다면 열심히 하겠습니다.

(이)야말로

<table>
<tr><td></td><td></td></tr>
</table>

1. 의미

명사와 함께 쓰여 강조를 나타낸다.

2. 형태

받침 O	이야말로	이 책이야말로 외국인에게 필요한 책이에요.
받침 X	야말로	너야말로 이 일의 적임자이다.

3. 용법

1) 강조를 말할 때 사용한다.

파전과 막걸리야말로 비오는 날 생각나는 음식이죠.

저는 한복이야말로 한국의 아름다움을 대표하는 것이라고 생각해요.

4. 연습

※ 다음 보기에서 알맞은 단어를 골라 '(이)야말로'를 사용하여 문장을 완성
하십시오.

라면	설날	인터넷	지리산	어머니

1) ___________ 자취생의 필수품이다.

2) ___________ 명산 중의 명산이다.

3) ___________ 한국의 가장 큰 명절이에요.

4) ___________ 그 어떤 사람보다도 가장 위대한 분이에요.

5) ___________ 전 세계의 모든 소식을 알 수 있는 정보의 바다예요.

−자

1. 의미 동사와 함께 쓰여 앞 동작이 끝난 후 이어서 다른 동작이 일어난다.

2. 형태

받침 O	−자	엄마가 아기를 안자 아기는 울음을 그쳤다.
받침 X	−자	발표가 끝나자 사람들이 박수를 쳤어요.

3. 용법

1) 앞의 동작이 끝난 후 이어서 다른 동작이 일어날 때 사용한다.

까마귀 날자 배 떨어진다.

창문을 열자 시원한 바람이 들어왔어요.

2) 앞 동작이 뒤 동작의 원인이 될 때 사용한다.

갑자기 비가 쏟아지자 사람들이 뛰기 시작했어요.

월드컵에서 한국이 결승에 진출하자 모두들 열광했어요.

3) '이다' 동사와 함께 쓰여 두 가지 이상의 특징을 말할 때 사용한다.

그녀는 선생님이자 엄마이다.

이것은 우리들의 의견이자 선생님의 바람이기도 합니다.

※ 다음 가, 나의 상황에서 알맞은 것을 하나씩 골라 '－자'를 사용하여
문장을 만드십시오.

가	·그녀를 보다　　·그는 나의 남편이다　　·여름이 되다 ·그가 소문을 내다　　·선생님이 시험 이야기를 하다
나	·소중한 친구이다　　·에어컨이 잘 팔리다　　·첫눈에 반하다 ·학생들이 웅성거리다　　·사람들이 그대로 믿다

1) <u>그녀를 보자 첫눈에 반했어요.</u>

2) ______________________________

3) ______________________________

4) ______________________________

5) ______________________________

조금 더 알아볼까요?

용법 1)의 '－자'의 의미는 '－자마자'와 바꿔 쓸 수 있어요. 하지만 약간의 차이
가 있어요. '－자마자'의 경우 '－자'보다는 앞 동작과 뒤 동작의 시간의 차이가
거의 없어요.

이 책은 <u>출판되자</u> 베스트셀러가 되었다.
이 책은 <u>출판되자마자</u> 베스트셀러가 되었다.

또한 '－자' 뒤에는 명령문과 청유문을 쓸 수 없지만 '－자마자' 뒤에는 쓸 수
있어요.

서울에 <u>도착하자</u> <u>전화하세요</u>.(X)
서울에 <u>도착하자마자</u> <u>전화하세요</u>.(O)
서울에 <u>도착하자마자</u> <u>전화합시다</u>.(O)

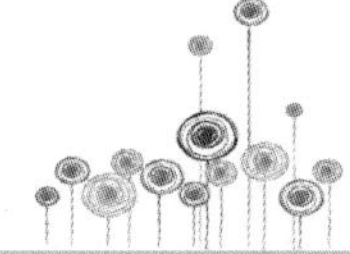

—잖아요

1. 의미

어떤 사실을 확인함을 나타낸다.

2. 형태

동사	받침 O	—잖아요	그렇게 입으면 춥잖아요.
/형용사	받침 X	—잖아요	지금 하잖아요. 조금만 기다려 주세요.
명사	받침 O	—이잖아요	오늘이 스승의 날이잖아요.
	받침 X	—잖아요	아이들이 좋아하는 크리스마스잖아요.

3. 용법

1) 어떤 사실을 확인할 때 사용한다.

조금 전에 빵 먹었잖아요. 그런데 또 배가 고파요?

아이가 많이 아프잖아요. 빨리 가서 약 좀 사 오세요.

2) 이유를 말할 때 사용한다.

가 : 백화점에 왜 이렇게 사람이 많죠?

나 : 요즘 세일 기간이잖아요.

가 : 다른 건 다 하고 이건 안 할 거예요?

나 : 이 일은 너무 힘들잖아요.

| 4. 연습 | ※ 다음 대화를 '- 잖아요'를 사용하여 완성하십시오. |

※ 다음 대화를 ' - 잖아요'를 사용하여 완성하십시오.

1) 가 : 잠깐 쉴까요?

   나 : 10분 전에 _______________________. 그냥 조용히 공부하세요.

2) 가 : 외국인인데 한국어를 참 잘하시네요.

   나 : 한국에 온 지 5년이나 _______________________________

3) 가 : 식당에 사람이 별로 없네요.

   나 : 지금 9시예요. 식당 문을 _______________________________

4) 가 : 왜 이렇게 밥맛이 없지?

   나 : 너 아까 과자를 _______________________. 그러니까 밥맛이 없지.

5) 가 : 빨리 오세요.

   나 : 지금 _______________________

조차

1. 의미

명사와 함께 쓰여 어떤 상황이 더해진다.

2. 형태

받침 O	조차	사고로 그는 자기 이름조차 기억하지 못 한다.
받침 X	조차	그 친구조차 날 배신했어요.

3. 용법

1) 어떤 상황이 더해질 때 사용한다.

날씨도 더운데 에어컨조차 고장이 났어요.

시험이 어려워서 우리 반 1등조차 불합격했어요.

4. 연습

※ 다음 보기에서 알맞은 단어를 골라 '조차'를 사용하여 대화를 완성하십시오.

물	손	생각	선생님	여드름

1) 가 : 이 문제 정말 어렵네요.

　　나 : 이 문제는 너무 어려워서 ___________ 풀지 못 한 거예요.

2) 가 : 기침을 많이 하는데 목은 괜찮아요?

　　나 : 너무 아파서 ___________ 못 마시겠어요.

3) 가 : 남자 친구가 그렇게 좋아요?

　　나 : 네. 정말 좋아서 얼굴의 ___________ 예뻐 보여요.

4) 가 : 왜 케이크 안 먹었어?

   나 : 케이크가 너무 예뻐서 __________ 못 대겠어.

5) 가 : 언니, 엄마 생신 선물 샀어?

   나 : 맞다! __________ 못 하고 있었네. 어떡하지?

치고

1. 의미

명사와 함께 쓰여 예외 없이 모두 해당됨을 나타낸다.

2. 형태

받침 O	치고	모델치고 키가 작은 사람이 있어요?
받침 X	치고	아이치고 초콜릿을 싫어하는 아이는 없을 걸요.

3. 용법

1) 예외 없이 모두 해당될 때 사용한다.
   : 흔히 뒤에는 부정을 나타내는 말이나 의문 형식이 온다.
   - '치고서'의 형태로 쓰여 강조를 나타내기도 한다.

   키 큰 사람치고 싱겁지 않은 사람 없다는 말이 있죠.
   학생치고(서) 수업 시간에 졸아보지 않은 사람이 있을까요?

2) 앞 명사를 기준으로 생각할 때 예외적인 것임을 말할 때 사용한다.
   : '치고는', '치고서는'의 형태로 쓰여 강조를 나타내기도 한다.

   외국 사람치고 한국어가 유창하네요.
   그 사람은 농구 선수치고(는) 키가 작은 편이에요.

<table>
<tr><td>4. 연습</td><td>

※ 다음 가, 나에서 알맞은 것을 하나씩 골라 '치고'를 사용하여 문장을 만드십시오.

가	· 엄마 · 40살	· 부부 · 피아노를 6개월 배우다	· 민호의 말
나	· 정말 잘 치다 · 모성애가 없다	· 싸우지 않다 · 믿을 수 있다	· 얼굴이 동안이다

1) <u>엄마치고 모성애가 없는 사람은 드물어요.</u>

2) _______________________________________

3) _______________________________________

4) _______________________________________

5) _______________________________________

</td></tr>
</table>

커녕

1. 의미

명사와 함께 쓰여 앞 내용은 물론 뒤의 내용도 불가능함을 나타낸다.

2. 형태

받침 O	커녕	밥커녕 물도 못 마시고 나왔어요.
받침 X	커녕	택시비커녕 버스 탈 돈도 없어요.

3. 용법

1) 앞 내용은 물론 뒤의 내용도 불가능할 때 사용한다.
   : '은/는커녕'의 형태로 많이 쓰인다.

   결혼(은)커녕 연애도 한번 못 해 봤어요.
   그 돈으로는 해외(는)커녕 국내 여행도 힘들어요.

2) 기대했던 것과는 달리 반대의 결과가 나타날 때 사용한다.

   숙제를 열심히 했는데 칭찬(은)커녕 잘못했다고 야단만 맞았어요.
   키가 커서 농구를 잘 할 줄 알았는데 농구(는)커녕 농구 규칙도 모르더라고요.

4. 연습

※ 다음 보기처럼 '커녕'을 사용하여 대화를 완성하십시오.

> 가 : 여자친구가 요리를 잘해?
> 나 : <u>요리(는)커녕 라면도 못 끓여.</u> (라면)

1) 가 : 어제 만난 여자가 모델 같았다면서?

   나 : ____ (키 150Cm)

2) 가 : 나 없는 동안 아기가 나를 안 찾았어?

   나 : ____ (생각)

3) 가 : 남편하고 자주 대화해요?

    나 : ____ (얼굴)

4) 가 : 아들이 공부를 열심히 해요?

    나 : ____ (자다)

5) 가 : 상민이는 축구를 싫어하지요?

    나 : ________________________________ (축구장에서 살다)

부록

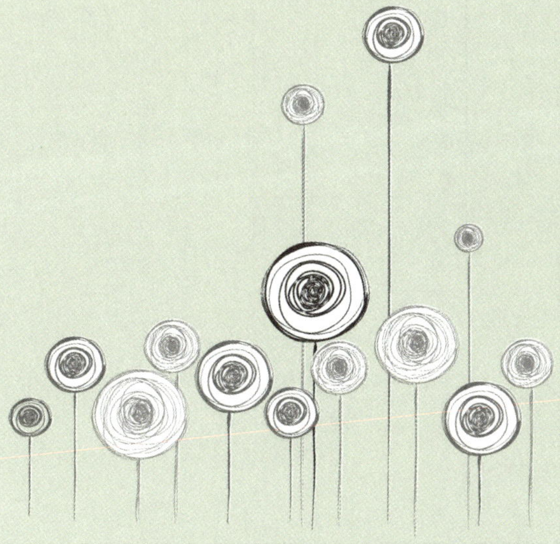

다른 사람이나 동물, 사물이 어떤 행동을 하게 하는 것을 말한다.

1) 사동 접사를 사용한 사동문

- 사동 접사의 종류 : '－이－, －히－, －리－, －기－, －우－, －추－'
- 일부 동사나 형용사에 사동 접사가 붙어 사동사가 된다.
- 사동문으로 바뀔 때 주동문의 주어는 목적어로 바뀌고 주동문에 새로운 주어가 나타난다.

－이－	－히－	－리－	－기－	－우－
녹다 － 녹이다	앉다 － 앉히다	울다 － 울리다	남다 － 남기다	깨다 － 깨우다
끓다 － 끓이다	눕다 － 눕히다	돌다 － 돌리다	웃다 － 웃기다	비다 － 비우다
죽다 － 죽이다	익다 － 익히다	살다 － 살리다	숨다 － 숨기다	서다 － 세우다
속다 － 속이다	맞다 － 맞히다	얼다 － 얼리다	벗다 － 벗기다	자다 － 재우다
붙다 － 붙이다	입다 － 입히다	날다 － 날리다	신다 － 신기다	타다 － 태우다
먹다 － 먹이다	업다 － 업히다	놀다 － 놀리다	씻다 － 씻기다	쓰다 － 씌우다
보다 － 보이다	읽다 － 읽히다	알다 － 알리다	맡다 － 맡기다	지다 － 지우다
높다 － 높이다	넓다 － 넓히다	물다 － 물리다	감다 － 감기다	크다 － 키우다
	좁다 － 좁히다			

－추－
낮다 － 낮추다
늦다 － 늦추다

① 자동사가 사동사가 되는 경우

- 눈이 녹다.　　　　　　→ 햇볕이 눈을 녹이다.
　　　　　　　　　　　　　　(새로운 주어)
- 아이가 침대에 눕다.　　→ 엄마가 아이를 침대에 눕히다.
- 동생이 울다.　　　　　　→ 형이 동생을 울리다.
- 음식이 남다.　　　　　　→ 아들이 음식을 남기다.
- 아빠가 깨다.　　　　　　→ 딸이 아빠를 깨우다.

② 타동사가 사동사가 되는 경우

- 아이가 아이스크림을 먹다.　→ 엄마가 아이에게 아이스크림을 먹이다.
　　　　　　　　　　　　　　　　(새로운 주어)
- 아빠가 아이를 업다.　　　　→ 엄마가 아빠에게 아이를 업히다.
- 친구가 결혼 소식을 알다.　→ 내가 친구에게 결혼 소식을 알리다.
- 아이가 양말을 신다.　　　　→ 엄마가 아이에게 양말을 신기다.
- 동생이 모자를 쓰다.　　　　→ 언니가 동생에게 모자를 씌우다.

③ 형용사가 사동사가 되는 경우

- 담이 높다.　　　　　　　→ 일꾼들이 담을 높이다.
　　　　　　　　　　　　　　(새로운 주어)
- 나무가 크다.　　　　　　→ 할아버지께서 나무를 키우다.
- 교복 치마폭이 좁다.　　→ 아주머니께서 치마폭을 좁히다.
- 등교 시간이 늦다.　　　→ 학교에서 등교 시간을 늦추다.

2) ' - 게 하다'를 사용한 사동문

   : 동사나 형용사를 사동형으로 만들 수 있다.

   예 · 학생의 의자에 앉다.   → 선생님께서 학생을 의자에 앉게 하다.
                                (새로운 주어)

   · 동생의 코트를 입다.   → 엄마께서 동생에게 코트를 입게 하다.
   · 의자가 낮다.   → 아저씨가 의자를 낮게 하다.
   · 친구가 나를 기다리다. → 내가 친구를 기다리게 하다.

3) 사동 접사와 ' - 게 하다'를 사용한 사동문의 차이

   ① 사동 접사는 주로 직접적인 의미가 강하고, ' - 게 하다'는 주로 간접적인 의미가 강하다.

   · 내가 전화해서 엄마에게 그 소식을 알렸다.
   · 나는 동생을 통해 그 소식을 엄마가 알게 했다.

   · 엄마는 아이에게 옷을 입혔다.
   · 엄마는 언니를 시켜 아이에게 옷을 입게 했다.

   ② 사동 접사를 사용한 사동문의 경우에도 상황에 따라 간접적인 의미를 가질 수 있다.

   ③ 사동 접사를 사용해서 사동문을 만들 수 없는 일부 동사나 형용사의 경우 ' - 게 하다'를
      사용하여 사동문을 만들 수 있다. 이때 ' - 게 하다'는 직접적인 의미를 가질 수 있다.

   · 그 소식이 나를 놀라게 했다.
   · 대학 합격 소식은 부모님을 기쁘게 했다.

다른 사람이 하는 동작이나 행위에 의해 영향을 받는 것을 말한다.

1) 피동 접사를 사용한 피동문

 － 피동 접사의 종류 : '－이－, －히－, －리－, －기－'
 － 보통 타동사에 피동 접사가 붙어 피동사가 된다.
 － 피동문으로 바뀔 때 능동문의 목적어가 주어로 바뀐다.

－이－	－히－	－리－	－기－
쓰다 － 쓰이다	먹다 － 먹히다	팔다 － 팔리다	안다 － 안기다
보다 － 보이다	읽다 － 읽히다	열다 － 열리다	끊다 － 끊기다
놓다 － 놓이다	접다 － 접히다	걸다 － 걸리다	씻다 － 씻기다
쌓다 － 쌓이다	잡다 － 잡히다	밀다 － 밀리다	감다 － 감기다
섞다 － 섞이다	밟다 － 밟히다	몰다 － 몰리다	찢다 － 찢기다
깎다 － 깎이다	박다 － 박히다	풀다 － 풀리다	쫓다 － 쫓기다
파다 － 파이다	막다 － 막히다	듣다 － 들리다	빼앗다 － 빼앗기다
바꾸다 － 바뀌다	닫다 － 닫히다	물다 － 물리다	
잠그다 － 잠기다	뽑다 － 뽑히다	누르다 － 눌리다	
	꽂다 － 꽂히다		

- 창밖의 산을 <u>보다</u>.   →   창밖의 산이 <u>보이다</u>.
- 호랑이가 토끼를 <u>잡다</u>.   →   토끼가 호랑이<u>에게</u> <u>잡히다</u>.
- 모기가 아이를 <u>물다</u>.   →   아이가 모기<u>에게</u> <u>물리다</u>.
- 그 사람의 전화를 <u>끊다</u>.   →   전화가 (그 사람<u>에</u> 의해) <u>끊기다</u>.

2) '－아/어지다'를 사용한 피동문

 : 타동사를 피동형으로 만들 수 있다.

- 엄마의 사랑을 <u>느끼다</u>.   →   엄마의 사람이 <u>느껴지다</u>.
- 빈대떡을 반으로 <u>나누다</u>.   →   빈대떡이 반으로 <u>나뉘어지다</u>.
- 그녀의 말에 마음을 <u>움직이다</u>.   →   그녀의 말에 마음이 <u>움직여지다</u>.
- 제빵사가 케이크를 <u>만들다</u>.   →   케이크가 (제빵사<u>에</u> 의해) <u>만들어지다</u>.

정답

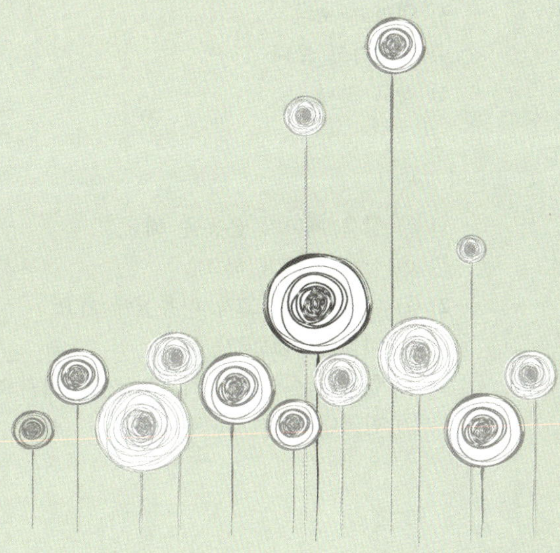

p.9 −거든요

1) 시험이 있거든요.
2) 전화했거든요.
3) 가방을 사러 갔거든요.
4) 할 거거든요.
5) 하거든요.

p.10 −게 하다

1) 배우게 하셨어요.
2) 못 입게 하셔서
3) 못 피우게 해서
4) 기분이 좋아지게 할까요?
5) 읽게 해 보세요.

p.11 −고 말다

1) 떨어지고 말았어요.
2) 울고 말았어요.
3) 읽고 말겠어요.
4) 먹고 말았어요.
5) 가고 말겠어요.

p.13 −고 보니

1) 일어나고 보니
2) 버스를 타고 보니
3) 내리고 보니
4) 전화하고 보니
5) 찾고 보니

p.14 −고자

1) ① 살을 빼고자 운동을 해요.
   ② 살을 빼고자 해요.
2) ① 머리를 자르고자 미용실에 가요.
   ② 머리를 자르고자 해요.
3) ① 한국 소설을 읽고자 한국어를 배워요.
   ② 한국 소설을 읽고자 합니다.

4) ① 비행기를 타고자 일찍 일어났어요.
   ② 일찍 일어나고자 해요.
5) ① 합작을 준비하고자 출장을 갈 거예요.
   ② 합작을 준비하고자 해요.

p.17 −곤 하다

1) · 노래방에 가곤 합니다.
   · 잠을 자곤 해요.
   · 빨래를 하곤 해요.
2) · 책을 사곤 해요.
   · 저금을 하곤 해요.
   · 술을 마시곤 해요.
3) · 여행을 하곤 합니다.
   · 영화를 보곤 해요.
   · 놀이공원에 가곤 해요.

p.19 −기는 하다

1) 흐리기는 하겠지만 비는 안 온대요.
2) 나쁘기는 하지만 친구가 없는 건 아니에요.
3) 읽기는 했지만 잘 몰라요.
4) 예쁘기는 하지만 실용성이 없을 것 같아요.
5) 어렵기는 했지만 다 풀기는 했어요.

p.22 −기는요

1) 사이가 좋기는요.
2) 결혼하기는요.
3) 잘하기는요.
4) 시원하기는요.
5) 빨리 지나가기는요.

p.23 −기만 하다

1) 읽기만 하세요.
2) 힘들기만 하던데요.
3) 만나기만 해 보세요.
4) 유명하기만 하지
5) 오기만 해도

p.25　**-길래**

1) 날씨가 춥길래 옷을 많이 입었어요.
2) 저 사람이 누구길래 그런 말을 해요?
3) 은행 문을 닫았길래 그냥 집으로 돌아왔어요.
4) 길이 복잡하길래 지하철을 탔어요.
5) 동생이 영화를 보길래 팝콘을 갖다 줬어요.

p.28　**까지**

1) 빨래까지
2) 공부까지
3) 주말까지는
4) 4급까지
5) 눈물까지

p.29　**-ㄴ/는다면**

1) 좋은 차부터 살 거예요.
2) 멋진 옷을 사 입히겠어요.
3) 친구같은 엄마가 되고 싶어요.
4) 짧은 치마를 사 주겠어요.
5) 재미있게 수업을 할 거예요.

p.30　**-느니**

1) 동생의 요리를 먹느니 피자를 시켜 먹겠어요.
2) 매일 친구들과 노느니 한국어 공부를 할래요.
3) 빨간색 바지를 입느니 운동복을 입겠어요.
4) 중고 중형차를 사느니 새 소형차를 사겠어요.
5) 재미없는 책을 읽느니 자는 게 나아요.

p.33　**-느라고**

1) 나는 어제 밀린 빨래하느라고 힘들었어요.
2) 웃음을 참느라고 이를 깨물었어요.
3) 다이어트하느라고 밥을 안 먹었어요.
4) 돈을 내느라고 지갑을 꺼냈어요.
5) 요즘 다이어트하느라고 힘들어요.

p.34　**-는 길에**

1) 중국에 여행 가는 길에 치파오 좀 사다 주세요.
2) 집에 들어오는 길에 관리실에서 택배를 찾아 오세요.
3) 도서관에서 나오는 길에 친구 대신 책을 빌려다 줬어요.
4) 학교에 가는 길에 할머니를 병원에 모셔다 드렸어요.
5) 미국에서 귀국하는 길에 일본에 잠깐 들르려고 해요.

p.36　**-는 바람에**

1) 길에서 넘어지는 바람에 창피했어요.
2) 눈이 많이 오는 바람에 교통사고가 났어요.
3) 고기만 먹는 바람에 변비에 걸렸어요.
4) 갑자기 아이가 우는 바람에 당황했어요.
5) 시험 전날 술을 마시는 바람에 시험을 못 봤어요.

p.38　**-는 중이다**

1) 차를 마시는 중이에요.
2) 케이크를 만드는 중이에요.
3) 책을 읽는 중이에요.
4) 머리를 감는 중이에요.

p.40　**-는 통에**

1) 정신이 없어서 도시락을 놓고 나왔어요.
2) 음식을 준비하느라 바빴어요.
3) 집중해서 공부를 못하겠어요.
4) 전화벨이 시끄럽게 울리는 통에
5) 하도 바빠서 서두르는 통에

p.42　**-는 한**

1) 밀린 숙제가 있는 한 여자친구를 만나는 것은 힘들어요.

2) 밥을 많이 먹는 한 살을 빼는 것은 어려울
   걸요?
3) 한국에 사는 한 한국어가 필요해요.
4) 꿈이 있는 한 계속 노력해야지요.
5) 될 수 있는 한 9시까지 서류를 보내세요.

p.43 -다(가) 보니(까)

1) 1등을 하게 되었어요.
2) 그 가수를 좋아하게 되었어요.
3) 여자친구를 만날 시간도 없어요.
4) 사진을 보다 보니까
5) 매일 아침 운동을 하다 보니까

p.44 -다가는

1) ① 그렇게 밤새워 공부하다가는 쓰러지고
     말거야.
   ② 친구가 공부하다가는 갑자기 밖으로 뛰
     어 나갔어요.
2) ① 그렇게 밥을 먹다가는 금방 살이 찔 거예요.
   ② 아이가 밥을 먹다가는 잠이 들었어요.
3) ① 그렇게 뛰다가는 아랫집에서 올라 올 거
     예요.
   ② 친구가 뛰다가는 멈춰 서서 물을 마셨어요.

p.47 -다니

1) 민수가 떨어졌다니 믿을 수가 없네요.
2) 이렇게 큰 딸이 있다니! 몰랐어요.
3) 또 술을 마시다니, 어쩌면 좋죠?
4) 저렇게 많이 먹다니, 어떻게 살을 빼겠어요?
5) 아이에게 책을 10권이나 사오라고 하다니
   요. 어떻게 들고 와요?

p.49 -다(가) 보면

1) 잘 치게 될 거예요.
2) 아이들에게 짜증을 내기도 해요.
3) 정이 들 거예요.

4) 긴 치마를 못 입게 될 거예요.
5) 입맛에 맞게 될 거예요.

p.51 -다시피

1) 외우다시피 공부했어요.
2) 날다시피
3) 보시다시피
4) 말했다시피
5) 자다시피 해요.

p.53 -답다

1) ④
2) ①
3) · 국민들의 의견을 잘 들어야 한다.
   · 소수의 이익보다는 다수의 이익을 생각한다.
   · 국가의 안전과 발전에 힘쓴다.

p.55 대로

1) 설명서대로
2) 방식대로 / 방식대로
3) 아이대로
4) 가르침대로
5) 규칙대로

p.57 -더군요

1) 재미있더군요.
2) 예쁘더군요.
3) 많더군요.
4) 먹을만하더군요.
5) 못 하더군요.

p.59 -더니

1) 예전에는 차가 없더니 지금은 차가 많아졌
   어요.
2) 아이스크림을 많이 먹더니 배탈이 났어요.

3) 수석으로 입학하더니 졸업도 수석으로 했
   어요.
4) 줄넘기를 열심히 하더니 키가 부쩍 컸어요.

p.61 **-더라고요**

1) 영희랑 데이트하더라고요.
2) 예쁘더라고요.
3) 너무 어렵더라고요.
4) 이기더라고요.
5) 다른 책을 빌려 읽고 있더라고요.

p.62 **-더라도**

1) (아무리) 샤워를 하기 싫더라도 땀을 많이
   흘렸으니까 씻으세요.
2) (아무리) 요리가 맛이 없더라고 다 먹어야
   해요.
3) (아무리) 비행기 값이 비싸더라도 고향에
   꼭 가야 해요.
4) (아무리) 눈이 많이 오더라도 출근해야 해요.
5) (아무리) 한국어로 말하는 것이 힘들어도
   한국어로 말해야 해요.

p.64 **-던**

1) 마시던
2) 쓰던
3) 입던
4) 사귀던
5) 날씬하던

p.66 **-도록**

1) 나도록
2) 들리도록
3) 되도록
4) 취직하도록
5) 부러지도록

p.69 **-든지**

1) 등산을 하든지 자전거를 타요.
2) 많든지 적든지 나와 잘 맞는 사람을 만나고
   싶어요.
3) 어떻게 하든지 꼭 성사시키겠습니다.
4) 이메일이든지 우편이든지 편하신대로 제출
   하세요.
5) 사든지 말든지 빨리 결정해.

p.70 **마저**

1) 수업에 늦어서 택시를 타야 하는데 택시마
   저 놓쳤어요.
2) 날씨가 추운데 바람마저 부네요.
3) 그 남자는 배가 나왔는데 키마저 작아요.
4) 목이 말라서 냉장고문을 열었는데 음료수
   는커녕 물마저 없어요.

p.72 **만큼**

1) 아들이 아빠만큼 키가 커요.
2) 가민이 아빠만큼 중국어를 잘해요.
3) 김연아만큼 스케이트를 잘 타면 좋겠어요.
4) 저는 하늘만큼 땅만큼 엄마를 좋아해요.

p.74 **뿐이다**

1) 빵 한 조각
2) 부모님
3) 말
4) 한 문제
5) 중국

p.75 **-스럽다**

1) 복스럽게
2) 촌스러워요.
3) 변덕스러워서
4) 창피스럽게
5) 어른스러운

p.77 **-아/어 놓다**

1) 넣어 놓았으니
2) 열어 놓을까요?
3) 준비해 놓았으니까
4) 받아 놓으래요.
5) 모아 놓았어?

p.79 **-아/어 버리다**

1) 울어 버렸어요.
2) 마셔 버렸는데.
3) 잊어버리다니요.
4) 잃어버린
5) 가 버리면

p.81 **-아/어 보니(까)**

1) 결혼해 보니까
2) 큰집에 살아 보니까
3) 파일럿같아 보여요.
4) 아플 때 제일 부모님이 보고 싶어요.
5) 한국의 가을 하늘이 정말 예쁘네요.

p.83 **-아/어 봤자**

1) 추워 봤자 얼마나 춥겠어요.
2) 비싸 봤자 제 차만 하겠어요?
3) 들어 봤자 다 이해할 수는 없을 거예요.
4) 택시 타 봤자 늦을 게 뻔해요.
5) 수술해 봤자 큰 차이는 없을 거예요.

p.86 **-아/어 오다/가다**

1) 운동해 왔는걸요.
2) 다 해 가요.
3) 시험이 다가 오니까 많이 긴장돼요.
4) 다 돼 가네요.
5) 7년 동안 만나 왔어요.

p.87 **-아/어다(가)**

1) 길 잃은 고양이를 데려다가 집에서 기르고 있어요.
2) 물고기를 잡아다가 매운탕을 끓여 먹었어요.
3) 숙제를 모아다 선생님께 갖다 드리세요.
4) 돈을 찾아다 쇼핑을 했어요.

p.90 **-아/어 대다**

1) 저는 스트레스를 받으면 술을 마셔 대요.
2) 저는 술을 마시면 아무한테나 뽀뽀해 대요.
3) 저는 시험 때만 되면 마구 먹어 대요.
4) 기분이 나쁘면 소리를 질러 대요.

1) 밤에 공부하는데 옆집 아이가 울어 대면 화가 납니다.
2) 내가 발표하는데 친구들이 떠들어 대면 기분이 나빠요.
3) 싫어하는 사람이 자꾸 전화를 해 대면 짜증이 나요.
4) 늦은 밤에 이웃집에서 음악을 크게 틀어 대면 화가 나요.

p.92 **-아/어야**

1) 타야 해요.
2) 좋아야 갈 수 있지요.
3) 세배를 해야 받을 수 있어요.
4) 이야기해 봐야 듣지 않을 거예요.
5) 졸라 봐야 소용없을 걸.

p.94 **-아/어지다**

1) 초급이 3반으로 나뉘어졌어요.
2) 수민이의 결혼 소식이 기다려져요.
3) 모래성이 부숴졌어요.
4) 그 사람의 사랑이 느껴집니다.
5) 아침마다 알람 소리에 잠이 깨져요.

p.96 **-아/어하다**

1) ① 무서워요. / ② 무서워해요.
2) ① 추워서 / ② 추워해서
3) ① 재미없어서 / ② 재미없어하면
4) ① 행복해요. / ② 행복해 하는
5) ① 미안해요. / ② 미안해하지

p.98 **아무**

1) 아무것도
2) 아무 때나
3) 아무도
4) 아무데나
5) 아무나

p.100 **-았/었다가**

1) 뚱뚱했다가 운동해서 날씬해졌어요.
2) 공을 잡았다가 놓쳤어요.
3) 환기 시키려고 창문을 열었다가 추워서 닫았어요.
4) 옷을 샀다가 커서 바꿨어요.

p.102 **-았/었더니**

1) 미니스커트를 입었더니 춥더라고요.
2) 술을 마셨더니 속이 쓰려요.
3) 매일 야식을 먹었더니 5Kg이 쪘어요.
4) 방학에 학교에 갔더니 교실 문이 닫혔더군요.
5) 한국 요리를 해 봤더니 생각보다 어려웠어요.

p.104 **-았/었더라면**

1) 오지 않았더라면
2) 택시를 타지 않았더라면
3) 그 곳에서 바로 나왔을 거예요.
4) 연예인을 볼 수 있었을 텐데 못 봤어요.
5) 미스코리아에 나갈 수 있었을 텐데……

p.105 **-았/었던**

1) 갔던
2) 봤던
3) 먹어 봤던
4) 만났던
5) 좋았던
6) 힘들었던

p.108 **에다가**

1) 커피에다가 우유를 넣어요.
2) 114에다가 전화번호를 물어 봐요.
3) 머리핀에다가 귀걸이에다가 목걸이까지 한 사람이 내 친구예요.
4) 읽기에다가 쓰기 그리고 듣기에다가 문법까지 100점을 맞았어요.
5) 라면에다가 계란을 넣어요.
6) 컵에다가 물을 마셔야 해요.

p.109 **에 의하면**

1) 뉴스에 의하면 조선시대의 여성 미라가 발굴됐대요.
2) 안내문에 의하면 문화체험을 25일까지 신청하래요.
3) 신문에 의하면 지난 주말에 프로 야구 시즌이 시작되었대요.
4) 일기예보에 의하면 오늘 날씨가 좋대요.
5) 여론 조사에 의하면 남자가 가장 먼저 보는 것은 여자의 얼굴이래요.

p.111 **-(으)ㄴ 채(로)**

1) 옷을 입은 채로 잠이 들었어요.
2) 안경을 낀 채 세수를 하려고 했어요.
3) 사탕을 입에 문 채로 말하지 마세요.
4) 웃옷을 벗은 채로 운동했어요.

p.112 -(으)ㄴ/는 김에

1) 가는 김에
2) 간 김에
3) 물을 끓이는 김에
4) 읽는 김에
5) 들은 김에 네가 찾아다 줘.

p.115 -(으)ㄴ/는 대로

1) 끝나는 대로
2) 버는 대로
3) 들은 대로
4) 많은 대로
5) 먹는 대로

p.116 -(으)ㄴ/는 대신

1) 하는 대신
2) 못 부르는 대신
3) 닦아 주는 대신
4) 넓은 대신
5) 예쁜 대신

p.119 -(으)ㄴ/는/(으)ㄹ 듯하다

1) 시험을 못 본 듯해요.
2) 프로포즈를 받은 듯해요.
3) 서로 친한 듯해요.
4) 스튜어디스인 듯해요.

p.122 -(으)ㄴ/는 반면에

1) 유학생활은 자유로운 반면에 외로워서 힘들어요.
2) 김치는 몸에 좋은 반면에 매워요.
3) 연애는 행복한 반면에 돈이 많이 들어요.
4) 여행은 견문을 넓히는 반면에 시간이 많이 필요해요.
5) 돈은 쓰기는 쉬운 반면에 벌기는 힘들어요.

p.125 -(으)ㄴ/는 셈이다

1) 일주일에 세 번 쇼핑을 하는 것은 쇼핑을 자주하는 셈이다.
2) 숙제를 20분만에 끝냈으니 숙제를 빨리 한 셈이다.
3) 한 달에 3Kg이나 뺐으면 많이 뺀 셈이다.
4) 199,000원이면 싼 셈이다.
5) 3명 이상이나 따라오면 예쁜 셈이다.

p.126 -(으)ㄴ/는 척하다

1) 바쁜 척하세요.
2) 안 뀐 척하고 다른 사람을 쳐다 보세요.
3) 아픈 척하세요.
4) 못 들은 척하세요.
5) 애인이 있는 척하세요.

p.128 -(으)ㄴ/는 편이다

1) 네. 잘 그리는 편이에요.
2) 아니요. 잘 못 보는 편이에요.
3) 적극적인 편이에요.
4) 아주 좋은 편이에요.
5) 아니요. 못 하는 편이에요.

p.131 -(으)ㄴ/는/(으)ㄹ 줄 알다/모르다

1) 이렇게 날씨가 추운 줄 몰랐어요.
2) 간단한 영어는 아는 줄 알았어요.
3) 내가 이렇게 차가 밀릴 줄 알았니?
4) 미혼인 줄 알았어요.

p.132 -(으)나 마나

1) 마음이 변한 애인에게 전화해 보나 마나 전화를 받지 않을 거예요.
2) 벼락치기를 하나 마나 시험을 못 볼 게 뻔해요.
3) 집은 좁은데 물건이 너무 많아서 집을 치우나 마나예요.

4) 얼룩이 너무 진해서 빠나 마나 안 지워질
   거예요.
5) 3일 밤을 새워서 커피를 마시나 마나 졸려요.

p.133 -(으)ㄹ 걸

1) 다이어트를 해서 살을 뺄 걸 그랬어요.
2) 열심히 공부할 걸 그랬어요.
3) 엄마한테 자주 전화할 걸 그랬어요.
4) 여행을 많이 할 걸 그랬어요.
5) 친구와 사이좋게 지낼 걸 그랬어요.

1) 사랑하는 사람과 항상 같이 있으니까 행복
   할걸요.
2) 밤에 늦게까지 밖에서 놀지 못 할걸요.
3) 부모님의 마음을 이해할 수 있을걸요.
4) 아이 교육에 대해 관심이 많이 생길걸요.
5) 저축을 많이 해야 할 걸요.

p.136 -(으)ㄹ망정

1) 굶을망정
2) 새로 살망정 수리하지 않겠어요.
3) 허름할망정
4) 비쌀망정 여자친구에게 주는 건 아깝지 않
   아요.
5) 다음 달에 굶어 죽을망정 지금은 쓰고 싶은
   만큼 쓸래요.

p.137 -(으)ㄹ 뻔하다

1) 소리 칠 뻔했지만
2) 넘어질 뻔했어요.
3) 기절할 뻔했어요.
4) 울 뻔했어요.

1) 혼자 무서운 영화를 보고 있는데 갑자기 엄
   마가 저를 불러서 기절할 뻔했어요.

2) 아이를 낳을 때 너무 아파서 기절할 뻔했어요.
3) 로또에 당첨 되었을 때 좋아서 기절할 뻔했
   어요.

p.140 -(으)ㄹ 뿐만 아니라

1) 사과가 클 뿐만 아니라 싸요.
2) 영어를 공부할 뿐만 아니라 한국어도 공부
   해요.
3) 그 곳은 책을 볼 수 있을 뿐만 아니라 커피
   도 마실 수 있어요.
4) 우리 아들은 공부를 잘할 뿐만 아니라 운동
   도 잘해요.

p.142 -(으)ㄹ 게 뻔하다

1) 공부를 할 게 뻔합니다.
2) 생각할 게 뻔합니다.
3) 선물을 살 게 뻔합니다.
4) 먹을 게 뻔합니다.
5) 바쁠 게 뻔합니다.

p.143 -(으)ㄹ 겸

1) 이번 주말에는 영화를 볼 겸 친구를 만나기
   로 했어요.
2) 사진을 찍을 겸 공원에 갔어요.
3) 옷을 살 겸 시내에 갈까요?
4) 손을 씻을 겸 화장실에 가려고 해요.
5) 한국어 공부를 할 겸 한국 드라마를 보자.

p.145 -(으)까 말까

1) 만두를 구울까 말까 생각해요.
2) 학교에 갈까 말까 해요.
3) 친구를 만날까 말까 고민 중이에요.
4) 영화를 볼까 말까 했어요.

p.148 -(으)ㄹ까 보다

1) 떨어질까 봐 걱정이에요.
2) 돌아갈까 봐요.
3) 해 볼까 봐요.
4) 영화가 무서울까 봐 안 갔어요.
5) 거절당할까 봐 못 하겠어요.

p.150 -(으)ㄹ까 하다

1) 칼국수를 만들까 해서 밀가루를 사러 가요.
2) 미국에 유학을 갈까 해서 영어를 공부해요.
3) 배가 고플까 해서 샌드위치를 준비했어요.
4) 그 사람이 올까 해서 예쁘게 꾸몄어요.
5) 태권도를 배울까 해서 학원에 등록했어요.

p.153 -(으)ㄹ 리가 없다

1) 일찍 들어갈 리가 없는데…….
2) 도서관에서 공부할 리가 없는데.
3) 장학금을 받을 리가 없지.
4) 아르바이트를 해야 할 리가 없잖아.
5) 못 볼 리가 없으니까.

p.155 -(으)ㄹ 만하다

1) 쓸 만해요.
2) 탈 만해요.
3) 들을 만해요? / 들을 만해요.
4) 갈 만한 데가 있어요? / 가 볼만 해요.
5) 읽을 만해요.

p.157 -(으)ㄹ지언정

1) 왔을지언정
2) 예쁠지언정
3) 많을지언정
4) 쌓일지언정
5) 인기가 많을지언정

p.159 -(으)ㄹ 텐데

1) 날씨가 좋아야 할 텐데 걱정이에요.
2) 6시까지 도착해야 할 텐데 길이 너무 막히네요.
3) 퇴근해서 내가 저녁을 할 텐데 엄마가 해 놓으셔서 조금 죄송했어요.
4) 감기가 빨리 나아야 할 텐데 걱정이에요.
5) 예쁜 여자가 나와야 할 텐데 못생겼으면 어쩌죠?

p.160 -(으)려다가

1) 시내에 나가려다가 비가 와서 그만 두었어요.
2) 라틴어를 공부하려다가 어려워서 포기했어요.
3) 클래식을 들으려다가 재즈를 들었어요.
4) 칼국수를 만들려다가 라면을 끓였어요.
5) 치마를 입으려다가 바람이 불어서 바지를 입었어요.

p.161 -(으)려던 참이다

1) 하려던 참이에요.
2) 씻으려던 참이었어요.
3) 나가려던 참이야.
4) 드리려던 참인데
5) 보내려던 참이었어요.

p.163 -(으)ㅁ

1) 바람.
2) 왔음. / 함. / 바람.
3) 기다림 / 아름다움 / 웃음 / 잠 / 꿈 / 짐

p.165 -(으)며

1) · 부모님의 잔소리를 듣지 않아도 되며 자유로워요.
   · 혼자 집안일을 해야 하며 부모님이 보고 싶어요.

2) · 외롭지 않으며 고민을 이야기할 수 있어요.
· 어려울 때 도움을 청할 수 있으며 기쁠 때 같이 기뻐할 수 있어요.
3) · 음악을 들을 수 있으며 이야기할 수 있어요.
· 커피를 마실 수 있으며 경치를 구경할 수 있어요.
4) · 전화하면 안 되며 화장하면 안 돼요.
· 음주운전하면 안 되며 졸음운전하면 안 돼요.

p.167 -(으)면 -(으)ㄹ수록

1) 가격
2) 나이
3) 걸레
4) 풍선
5) 팽이

p.168 (이)라도

1) 아무라도 불러 오세요.
2) 어디라도 같이 여행 갈래요?
3) 하루라도 전화를 안 하면
4) 웃기라도 하세요.
5) 무슨 일이라도

p.170 (이)야말로

1) 라면이야말로
2) 지리산이야말로
3) 설날이야말로
4) 어머니야말로
5) 인터넷이야말로

p.172 -자

1) 그녀를 보자 첫눈에 반했어요.
2) 그는 나의 남편이자 소중한 친구예요.
3) 여름이 되자 에어컨이 잘 팔려요.
4) 그가 소문을 내자 사람들이 그대로 믿었어요.

5) 선생님이 시험 이야기를 하자 학생들이 웅성거렸어요.

p.174 -잖아요

1) 쉬었잖아요.
2) 됐잖아요.
3) 닫을 시간이잖아요.
4) 먹었잖아.
5) 가잖아요.

p.175 조차

1) 선생님조차
2) 물조차
3) 여드름조차
4) 손조차
5) 생각조차

p.178 치고

1) 엄마치고 모성애가 없는 사람은 드물어요.
2) 부부치고 싸우지 않는 사람은 없을 걸요?
3) 민호의 말치고 믿을 수 있는 말이 없어요.
4) 40살치고 얼굴이 동안이네요.
5) 피아노를 6개월 배운 것치고 정말 잘 치는군요.

p.179 커녕

1) 모델(은)커녕 키가 150cm도 안 되던데.
2) 찾기(는)커녕 엄마 생각도 안 하더라.
3) 대화(는)커녕 얼굴 볼 시간도 없어요.
4) 공부(는)커녕 만날 잠만 자요.
5) 싫어하기(는)커녕 축구장에서 살아요.

박영희 충북대학교 국어교육과 박사
       현, 충북대학교 국제교류본부 한국어 전담 강사
오성아 충북대학교 국어교육과 박사 수료
       현, 충북대학교 국제교류본부 한국어 전담 강사
유지연 충북대학교 국어교육과 박사
       현, 충북대학교 국제교류본부 한국어 전담 강사
이희원 충북대학교 국어교육과 박사
       현, 충북대학교 국제교류본부 한국어 전담 강사

삽화 : 박영희

외국인을 위한 **한국어 문형 2**

초판 발행 2011년 3월 30일
3쇄 발행 2015년 8월 7일

지은이 박영희 · 오성아 · 유지연 · 이희원
펴낸이 박찬익
책임편집 김지은

펴낸곳 도서출판 **박이정**
주소 서울시 동대문구 천호대로 16가길 4
전화 02)922-1192~3
전송 02)928-4683
홈페이지 www.pjbook.com
이메일 pijbook@naver.com
등록 1991년 3월 12일 제1-1182호

ISBN 978-89-6292-160-1 (93710)

* 책값은 뒤표지에 있습니다.